外國人喜歡香港的 N 個理由

馬克·奧尼爾
Mark O'Neill 著

程翰 譯

目錄

引言

香港是個國際性城市。根據 2016 年的中期人口統計，香港 734 萬人口中，有約 8% 屬非華裔（若不包括家庭傭工，這個比率是 3.6%，即約 26.4 萬人）；當中，有些人終其一生都在此城生活，甚至有些自其祖上多代開始已在這裡定居，他們在本地繁衍的歲月，比許多華人家族都長。

三聯書店（香港）邀筆者寫一部介紹 24 位長居香港的外國人的生活、工作的書。編輯要求故事主人公們所來自的種族和國籍、所從事的行業和工種，都儘可能多元，以呈現居港外國人背景的豐富多采；又要求所選的主角，均是已定居香港、在此地謀生。非要如此，主人公們才會有那些因短期工作合約而籍居香江的人所欠缺的視覺和歸屬感。於那些短期過客而言，香港只不過是他們闖蕩天下的其中一個驛站而已。

本書主人公的背景組成豐富多采：他們所來自的國家，遍布歐洲、北美、南亞和東南亞、澳洲和新西蘭，但來自中東、非洲和南美洲的卻不多。筆者心目中要物色的，是對香港有重要貢獻的，例如，1966 年來港，開設香港首家柔道道場、盡心盡力經營，直至 2022 年 1 月 28 日以 85 歲高齡辭世的日本人岩見武夫；來自愛爾蘭的譚瑪士修士（Brother Thomas Lavin）在香港定居後，為喇沙書院學生

的教育服務一生；來自瑞士的白德培牧師（Tobias Brandner）在香港中文大學擔任神學教授之餘，自 1996 年起，服務香港在囚人士的性靈需要；澳洲人 David Begbie 運營由他父母 1995 年在香港創辦的非政府組織國際十字路協會（Crossroads Foundation），踐行收集各類捐贈品、無償供應給全球有需要者；全球控煙運動先鋒之一的麥龍詩迪醫生（Dr. Judith Mackay）於 1967 年移居香港，以此為家之外，還視之為其環球公益事工的基地（多虧她和她的同工的努力，香港成為全球吸煙率最低的地方之一）；澳洲獸醫 Lloyd Kenda 醫生 1995 年來在香港落戶，自此共診治過數以千計的貓貓狗狗，為牠們的主人帶來喜樂。

傳記主角中，有 7 位屬於居港外國人的第二（或者第三）代。上面提到的澳洲人 David Begbie 之外，還有 George Cautherley——一個旅居中國的家族的後人（其家族來華發展史，可追溯至 1801 年他外先祖乘貨輪抵達黃埔港，開拓商機，自此落地生根）。

由於在香港，來自東南亞的家庭傭工佔居港外國人比率的最大比重，故我們也把一位印尼女傭工，以及一位在工作上和她們過從甚密、了解她們生活的菲律賓籍醫生一併納入本書。與此同時，我們沒有忘記南亞，傳記主角中包括了一位來自印度的電影製片人，以及一位來自尼泊爾的資深新聞工作者。歐洲方面，我們有一位來自法國的餐館東主、一位參演粵語電影的德國籍演員，以及一位從未造訪香港，卻遠道而來下嫁一名香港青年學生的法國姑娘。此外，由於香港是一處可以尋求庇護的地方，有 3 位男子成功獲批難民身份，至少可以在此地開展新生活（沒有人知道他們何時，甚至最終能否返回故鄉），我們也把他們的故事選進本書。

讓人扼腕痛惜的是，書中的 2 位主人公——Takeo Iwami 和 Kisan Rai——在本書出版之前先後不幸離世：2021 年 10 月，Rai 在尼泊爾國內遠行期間，意外跌下 200 米深的懸崖底而喪命，遺體在其祖國下葬；2022 年 1 月，Iwami 在香港身故，享年 85 歲。我們對二人的家人深深致意。

外國人為甚麼選擇以香港為家？原因很多，上佳的社會治安是其一：私人擁槍者鳳毛麟角，持槍犯案少之又少；晚歸的女士們隻身坐地鐵、徒步返家也不必擔驚受怕。（有一次，筆者坐了 12 小時飛機後，當晚無法好好入睡，半夜 3 點醒來，心中尋思：這個鐘點下樓，到附近公園散步，明智嗎？他猶猶豫豫，探步內進，走走停停，左顧右盼；公園不設閘門。接著，他看到一位上了年紀的女士獨自在耍太極——她也是睡不著覺。於是，我的心安穩了，繼續踱步，再無顧慮。）香港的涉酒暴力、酗酒駕駛也比許多別的城市少。選擇香港的另一個原因，是它的交通運輸系統是全球最佳之一。除了地鐵、巴士和小巴以外，你還可以選擇坐的士——考慮了生活水平因素，香港的的士比世界各大城市都便宜。再一個選香港的理由：這裡不缺中產階層負擔得起的家庭傭工——你要找，有的是（在發達國家，聘用家傭可是富人的專利）。第四個理由，是香港能包容不同的族群、人種和宗教。在歐洲，政客們成功透過妖魔化外來人口，以及後者的宗教和習俗，達到他們的政治目的；世界各地主流族群和少數族群之間不時發生衝突（有時甚至有人因此喪命）。幸而類似的悲劇從未在香港發生，人們可以不受干預地進行各自的宗教儀式、過各自的節慶。儘管大部分香港人對別人的節慶不感興趣，但至少也無惡感——或許「無感」最能形容這種態度。此城也有幸，從未遭受蹂躪世界多個角落的種族或宗教戰爭

所波及；反過來看，此城從未對外國人懷有敵意。第五個理由，是香港為外國人提供了專業和個人向上發展的機會，且薪津較他們在所來自的國家時高、稅負則較低。香港能給予老外的，還包括開展一門新生意：開餐館、會所、藝廊等等，是那麼的容易、方便；再者，香港法律制度歷史悠久、行之有效，為商業合同、租務或採購協議的遵守，提供了安全保障。第六點是，無論在商業世界還是日常生活，英文英語都通行無阻。能說粵語或者普通話（通曉兩者更佳），當然有助敲開成功之門，但卻不至於不可或缺——試想想，在英國、美國（或者在法國），你不懂英語英文（或者法語法文），你能否生存？第七點是香港絕佳的醫療體系。如果你負擔得起醫療保險費（或者你就職的公司提供醫療福利），你大可到私營醫療市場選擇你需要的服務；如果你沒這些條件，而你又是永久居民，你可以享用質優價廉的公營醫療服務。第八點是生活的便利：商店、酒吧、餐館、藥店、社交會所、體育設施等等，都離你家不遠、開放時間長。多虧互聯網和衛星電視，此城的外國人可隨意選看他們國家的電視頻道的不同節目——選擇包括粵語電影、韓語肥皂劇、法語諧劇等，以及不同的體育節目——美國的 NBA、英國的超級足球聯賽、印度的板球等。

筆者長居香港，個人體驗總是正面的。這裡的人有禮、友善、幽默；從未有過人身安全的擔憂。香港回歸中國至今已有 25 年，從未聽過有人提出，像筆者這樣的人是時候「回祖家」了。在歐洲，當地人經常向亞洲人、阿拉伯人和非洲人提出「回家吧」的要求，卻不先弄清楚人家是否在當地出生、所謂「回去」的「家」到底指的是哪裡。筆者的印度朋友說，作為一個白種人，筆者的地位比較優越——一般而言，較諸對待膚色較深的人種（例如南亞或東南

亞），亞洲人對白種人比較有禮、比較優待。筆者這個「中文盲鬼佬」也有幸，有一位香港人太太。在她和她家人扶助下，得以穿越中國語文的森林、學懂中國人的習俗和禮儀——該說甚麼不該說甚麼；別人生日或結婚該送甚麼禮物；一句話說出來，其含義可能是字面意思的反面，等等。

當然，對外國人來說，香港也有它的弊端，其中最重要的（對本地中國人也一樣），是高昂的住房開支。那些來香港已有好幾十年，趁房價還處於負擔得起的水平的時候，明智地毅然置業的人（就如本書其中一些主人公），屬幸運的一群。主流居港外國人有一個共識：應該租房子住，別買。那幸運的一群則反其道而行。那些租房子住的，到退休時（再不能享受僱主的住房津貼）只能離開此地。居港的外國人必須接受較諸在所來自國家時為小的私人空間，以及較擠的公共空間。老外還要做一個抉擇：他或她屬於哪一個社群。香港形成了多個並存卻沒有交集的不同世界。一位老外可以選擇和他來自同一個國家的老鄉共處——吃喝、派對、出海，加入相同的聯誼會或體育會；他也可以選擇與來自其他國家的人為伴；他可以加入不同的教會、音樂或藝術團體，或者無數公民組織的其中一些；他可以選擇加入各式各樣的華人會社：富人的、中產的或下層社會的；說粵語的或普通話的、本地的或來自內地的，等等。老外往往要經過長時間的探索、投入，方能最終作出上述選擇——這些都是本書其中一些主角經歷過的故事。

就如任何旅居在遠離自己家鄉之地的人一樣，旅居香港的外地人須思考要不要學習當地語言（在香港的情況，要學的話，到底學粵語還是學普通話）的問題；他們也有必要為自己的孩子作同樣的選

擇——孩子應該入讀本地學校還是國際學校、跟從何種教育課程？

要寫這部書並不特別難——受訪的故事主人公都樂意襄助，撥出寶貴的時間，把他們在香港和其他曾留下足跡的地方的故事娓娓道來。文章整理出來之後，他們又撥冗細細審閱、斧正。對此，我們衷心向他們致以誠摯的謝意。

我們希望讀者閱畢本書後，對那些他們從未一見的人物有某種領悟和理解，對豐富多元的香港有更深的認知。

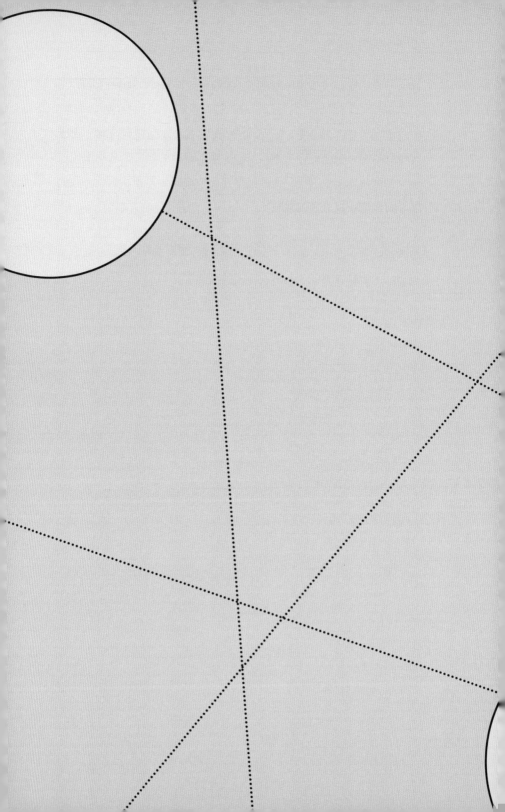

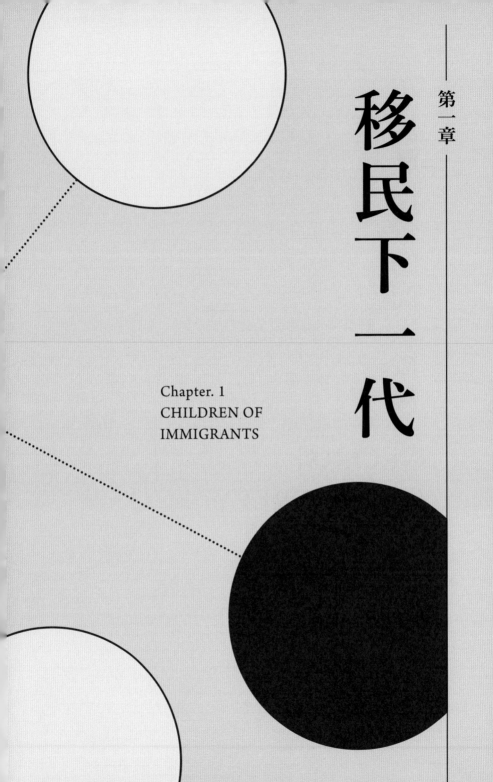

第一章

移民下一代

Chapter. 1
CHILDREN OF
IMMIGRANTS

生於戰俘營的商人後代

GEORGE CAUTHERLEY

1942 年生於當年佔領香港的日軍設於港島赤柱的戰俘營，George Cautherley（有個中文名字叫高德禮，下稱 Cautherley）是一個旅居中國的家族第六代後人。他的外先祖是美國人，是早期在中國創辦最重要一批美資貿易行的東主之一。

「香港是我感到最舒服的地方」，Cautherley 在一次於他擁有（位於港島東端柴灣區）的一家藥品公司接受訪問時這樣說，「它是我大部分朋友居住的地方，也是我的權益所在。以我這個年紀，要移民很難。香港就是我的家。」Cautherley 是一個真正的香港人。

沒有甚麼比 Cautherley 來到這個世界更戲劇性。1941 年 11 月他媽媽肚裡懷了他的時候，父母住在港島山頂區柯士甸山道。父母知道日本人佔領這座城市，只是時間問題，屆時他們將會被囚禁。Cautherley 母親說：「坐牢的時候，我們得找些事去專注。」1941 年聖誕日駐港英軍投降時，母親是一名護士，父親在「香港上海滙豐銀行」當主任。1942 年 1 月，夫婦倆雙雙被押往赤柱戰俘營。「當家母臨盆要生我的時候，正受到瘧疾和貧血的雙重煎熬；當時正有颱風來襲，阻延了家父到妻子身邊侍產。醫生說家母需要輸血；她身上流的不是普通的血型。醫生們說：『輸了血，她也可能會死；但如果不輸血，她肯定會死。』」最終，他們找到所需的血，而那個幾乎死於腹中的胎兒也因此成功來到這個世界。1942 年 1 月至1945 年 8 月日本投降期間，有 52 個嬰兒在戰俘營出生，Cautherley 是其中一個，且是至今仍居於香港的 2 個戰俘營嬰兒中的一個。

被羈押期間，Cautherley 父母大部分時間都抱羔在身。一個鮮有的樂趣，是到赤柱白沙灣划水作樂。「有一天，我正在外面玩，家母

一把將我抓住，拽我進屋。後來我才知道美國人投下了炸彈，沒打著，卻誤中離我家不遠的一座別墅。」Cautherley 回憶說。為了餵飽這個幼兒，在接下來的 3 年半，母親賣掉她所有的珠寶首飾，換取糧食。戰俘營外的「滙豐」同事給他們送來食品包，裡頭裝滿嬰兒食品和一些優質物資，以補營內供應的不足。1946 年初，3 歲半的 Cautherley 被帶到英國見一位兒科醫生。醫生說孩子十分健康，那是因著父母和很多其他人的關愛而造就的一個奇蹟。

中國貿易的先驅

Cautherley 家族的歷史，要回溯到 1801 年——Cautherley 外曾祖最年長的曾叔公 Daniel Heard 帶著一箱貨品來到廣州黃埔港，做起進口貿易。1840 年 1 月 1 日，Daniel 最年幼的同輩族弟 Augustine Heard 在廣州以自己的名字創立一家貿易公司——瓊記洋行（Augustine Heard & Co.）。Heard 的家族來自美國東北部馬薩諸塞州（Massachusetts）[1]，他是家族中幾位到廣州拓展業務的成員之一。接下來的 34 年，「瓊記」成為從事中國貿易生意幾家最大的美資商號之一。在生意上協助 Augustine 的，是他侄子 John Heard——Cautherley 外曾祖的叔公。時年 17 歲的 John 於 1841 年抵達中國，到了他 21 歲那年，已經攢得 1 萬美元（這在當時可謂一筆巨款），並分得公司的 20% 股份。John 在中國打拚了 11 年，然後取道歐洲，生平第一次回到美國。在那裡，他認識了諸如威靈頓公爵（Duke of Wellington）、作家威廉‧梅克比斯‧薩克雷（William Makepeace Thackeray）等公民領袖。

1　常譯作「麻省」。

Cautherley 外祖母的父親 Richard Howard Heard，是 John 和一位中國女士的兒子。前述貿易行破產倒閉後，一家人有的遷居美國，有的遷居歐洲。Richard 於 1880 年回到香港，在怡和洋行工作。他 1882 年與 Mary Purcell 在位於港島半山堅道的天主教堂結婚，新娘子是一位愛爾蘭籍英軍的女兒，自小在香港一所天主教修道院成長。夫婦二人的子女們（包括 Cautherley 的外祖母）均在香港出生。1893 年，Richard 被派去上海，他和太太都喜歡那裡的生活；後來，二人都在上海辭世，並在那裡下葬。1912 年，Cautherley 的母親 Dorothy 在上海出生，是外祖父母四個在這座城市出生的孩子中的一個。為確定自己的血統源頭，Cautherley 進行了 DNA 檢測，並把資料上傳到互聯網裡的血統庫平台。從中他發現自己有 1% 中國血統、1% 西班牙血統；此外，澳門土生葡人、香港前市政局、行政局和立法局議員羅保爵士（Sir Roger Lobo）的子女，是他的第四代表親（Fourth Cousins）。

滙豐銀行員工嫁娶規則

Cautherley 的母親和她的兄弟姐妹在上海一個舒適的家庭成長；家裡共有 12 位傭人供差遣。她在上海接受教育，只到過英國兩三次。1931 年，她是上海滙豐銀行首批女性僱員中的一員；為證明她們的價值，並克服針對她們的偏見，她們要以雙倍於男同事的努力工作。此時也在銀行工作的，有 Cautherley（將來）的父親 Joe Cautherley。Joe 加入滙豐位於倫敦的總部，於 1927 年被調往上海，在不同部門工作過後，再於 1936 年被派到香港來。同年，銀行安排部分職員撤退到香港，逃避日漸迫近的日軍炮火，Dorothy 也在撤退人員之列。她是在香港這個新的落腳點再遇 Joe 的；既是

有緣,情根乃種。Cautherley 解釋說:「一名滙豐銀行外籍主任要結婚,他必須服務滿 10 年,並須取得上司首肯;若上司不同意而員工一意孤行,他只能選擇辭職。女性員工擇偶前,會先行查清楚她們心儀的對象在公司的服務年資。」

Joe 和 Dorothy 二人於 1938 年在上海聖約翰座堂舉行婚禮。在英國放完假後,Joe 被短暫調往印度孟買,然後調回香港,先是住在港島山頂道,後來把家安在柯士甸山道。到 1940 年,眼看日本侵略亞洲的戰火快要燒到香港,港英政府決定把外籍婦女和她們的孩子撤退到澳洲,但 Dorothy 不想夫妻燕爾新婚便要遠隔兩地,決意留下。她想到一個辦法 —— 報名參加志願護士。由於當時香港極需這種服務,結果她獲准留下。抗戰初期,香港總督要求滙豐維持服務,故整家銀行有一半外籍員工留下,以確保銀行正常運作,而另一半則投入保衛香港的戰事,Joe 屬於前一半。英軍在靠近他們夫婦住的公寓樓處架設幾尊砲。沒有混凝土基座,砲身無法站穩,結果被棄置在建築物一角。英軍限他們在 7 分鐘內撤離,然後把那建築炸掉。就這樣,兩夫婦一無所有。

一位香港電影明星饋贈的「派克」筆

1945 年 8 月 15 日日本投降後,Cautherley 和他的父母走出戰俘營,重獲自由。他們被安排直接登上一艘離開香港的運輸船。當船駛至蘇彝士運河時,紅十字會向他們發放冬衣。所以,當 1945 年 10 月 24 日他們安抵英國東南部城市修咸頓(Southampton)時,身上穿得很暖和。他們一家到了在英國東南部的羅斯頓鎮(Royston,靠近劍橋市),與 Joe 的母親同住。1946 年 10 月底,Cautherley 的

1945 年 9 月 2 日，Cautherley 與父母於赤柱合照。（圖片提供：受訪者）

弟弟 Simon 出生。Cautherley 說：「家父是個全身心投入事業的銀行家，也是個非常忠心的人。他堅持返回香港，繼續替滙豐打工。家母也想回去。」

1947 年 2 月，Cautherley 舉家回到香港，住在九龍窩打老道。父親被分配到滙豐的九龍總部（位於半島酒店其中一翼）。Cautherley 說：「他喜歡拜訪客戶，有時把我也帶上。我們拜訪尖沙咀區的裁縫和珠寶商、荃灣區的工廠東主。他的政策，是貸款予來自上海、有信譽的實業家 —— 即使他們沒有抵押品。事實證明他是對的，唯一的壞賬，債務人是一個賭錢輸掉債款的貿易商；而工業家所欠的債務均能如期清還。兒時回憶的一大亮點，是在一位富有工業家在其（位於九龍青山道）大宅的一頓晚飯。富商的太太是電影明星胡蝶。她送了一枝派克 51 鋼筆給當時只有 11 歲的我。那真是奢華至極！」他在九龍區上小學。

到 1951 年，父親把 Cautherley 送去英國南部薩塞克斯郡（Sussex）一所寄宿學校上學。那裡有美麗的草地、有 3 個湖，到了冬天，學生可以在湖上溜冰。連續 3 個夏天，他選擇回香港度假；坐上一架 4 引擎螺旋槳飛機，從薩塞克斯郡到香港，需時 3 天。1955 年，Cautherley 的父親已屆退休年齡，銀行為他安排到位於南洋婆羅洲北岸的國家文萊（Brunei），管理該國的滙豐分行。因此，連續 3 年，Cautherley 改到文萊度暑假。1960 年，他父母雙雙退休，返回英國羅斯頓鎮的家宅生活。由於 Cautherley 覺得自己學業成績平平，沒有爭取上大學。他嘗試過不同的工作，但沒有一種他喜歡。

「香港就是這樣：
你得學得快、廣交朋友——
當中充滿樂趣。」

回到香港

然後，Cautherley 在香港的舅舅向他發電報，建議他到香港和舅舅一起搞好他既有的醫療產品生意。「我沒有猶豫，香港是個好地方。是時候安頓下來好好幹了。」Cautherley 說。1964 年 10 月，他乘坐一架 VC-10，在啟德機場降落，舅舅在那裡迎接他。「當我坐在駛往港島的渡輪上，感受撲面而來的浪花的時候，我告訴自己：『我回來了。』」在上海出生的舅舅，於 1949 年移居香港，經營 2 家公司，一家從事一般貿易，另一家經銷醫療產品。Cautherley 必須儘快學會新的行當；他拜訪醫院和其他客戶。他說：「香港就是這樣：你得學得快、廣交朋友──當中充滿樂趣。」1971 年，Cautherley 成為公司的執行董事。

Cautherley 的第一個女朋友，是一位英國女孩，交往 6 個月之後，她返回英國；此後，他所有的女友都是中國人。他花了 4 年，加上未來岳母助他一臂之力，終於打動他最鍾情的 Ruby；未來岳父在新加坡長大，後來移居香港，成為政府監獄監督轄下的一名行政官員。Cautherley 和 Ruby 於 1972 年結婚，Cautherley 負責婚禮雞尾酒會的一切開支，而岳父則負責晚上中式婚宴的開支。二人於翌年生下兒子 Julian。其後，當 Cautherley 的哥哥要退休時，Ruby 就接管了後者的平面設計公司。由於夫婦倆都出來工作，他們決定不再要孩子。1979 年，Cautherley 的舅舅退休，把業務售予怡和洋行。Cautherley 不想替大公司打工，便與一家英國貿易行合作創立新公司（Cautherley 持 25% 股份）。

1987 年，他和 Ruby 以港幣 120 萬元，買下港島南區碧瑤灣一套

1,500 平方尺的住宅單位。1991 年，他們更上一層樓——賣掉碧瑤灣的房子，以 780 萬元購進港島（位於太平山頂的）加列山道一套 2,500 平方尺的單元（所在樓宇於 1972 年落成）。滙豐銀行向他批出相當於成交 7 成的房貸。二人的兒子 Julian 在倫敦城市大學（City University London）[2] 修讀商業管理，畢業後回到香港，儘管他分別為父母各自的生意推行了一個小項目，且落實得不錯，但他發覺自己對那些生意不感興趣。反而，他相信自己的事業應該在電影製作方面。他在香港的一些拍攝項目中，以助理的身份當學徒，然後於 1998 年到美國南加州大學電影藝術學院（University of Southern California School of Cinematic Arts）攻讀電影。他畢業後所製作的一齣短片，曾獲若干獎項，憑此他取得美國政府的「專才」類簽證，可以留在美國。2003 年，Julian 創立自己的電影製作公司；其後，他與一位美國女子結婚，二人在洛杉磯定居。至於 Cautherley 的弟弟，他自 8 歲起就在英國定居，終身未娶。

Cautherley 一生事業一帆風順。他 1983 年購入所服務公司尚未擁有的 75% 股權，隨即擴展業務。在高峰時期，他運營 2 家工廠（一家在深圳、一家在海南島），兩廠各有 60 名員工，而在全國範圍共僱有銷售人員超過 100 名。到了 1990 年代，他的公司向內地市場售出銷量最高的藥品。Cautherley 不無驕傲地說：「仿製我們的藥的商家有 60 家。」

過去 10 年，Cautherley 逐步減低自己的工作量：每天工作半天。其後，他賣掉醫療和牙科儀器、設備的生意，但保留了藥品業務。這

2　今「倫敦大學城市學院」（City, University of London）的前身。

Cautherley 運營的位於海南島的工廠。（圖片提供：受訪者）

部分的業務由一位商業搭檔經營，後者於 1975 年尚是一個小伙子時加入公司，擔任銷售員，離開一段時間後，再回來當銷售經理。1993 年，Cautherley 把藥品業務分拆出來，單獨成立新公司，並讓出 50% 股份給那位銷售經理。新公司設於柴灣的寫字樓、設於海南島的藥廠共聘有員工 80 多人；此外，Cautherley 還是一家上市生物科技公司的董事，他也投資於其他生物科技公司。

制定政策

Cautherley 加入在 1989 年成立的香港民主促進會（Hong Kong Democratic Foundation）；1992 年，他獲選為該會副主席（他擔任此

Cautherley 與深圳工廠團隊大合照。（圖片提供：受訪者）

職至 2016 年止）。在任期間，Cautherley 積極研究、起草公共政策建議書。基於此，他在政府內部和民間專業團體之間建立了寬廣的人脈關係。「我仍然參與公共政策，我想還有我可以出一分力的地方。」Cautherley 說。

香港葡國歐亞裔第五代

ANTHONY
CORREA

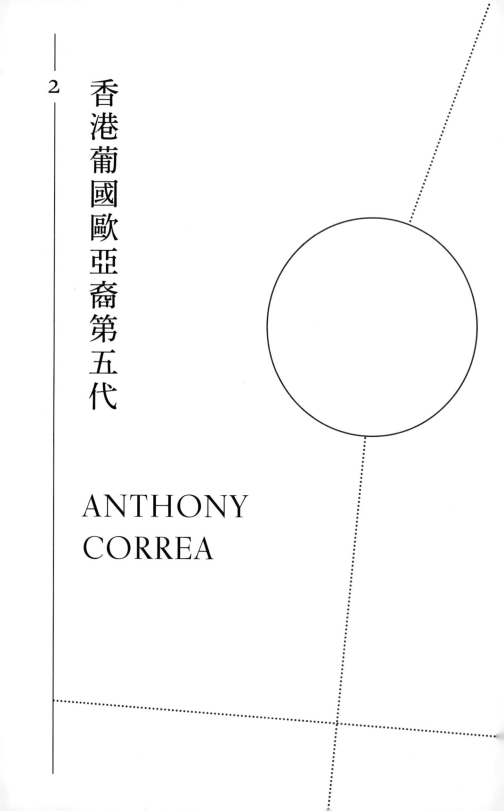

Anthony Correa（下稱 Correa）用了 28 年時間，在金融服務界當企業醫生，挽救瀕臨破產的公司、管理別人的錢財。過去 3 年，他投入大量精力，主理耗資數以百萬計資金的「西洋會所」（Club Lusitano，下稱「西洋會」）翻新工程。該會於 1866 年 12 月 17 日創立，是香港其中一個歷史最悠久的會所。

坐在（位於港島中區雪廠街 16 號）西洋會所大廈 25 樓，可以俯瞰中環以及香港特區行政長官官邸的壯麗景觀的糕點咖啡廳 Pastelaria Lusitano，Correa 對他們這些旅港葡人的成就，感到自豪。他說：「我們希望頌揚我們的葡萄牙／澳門身份；頌揚我們這群旅居此地，但祖先可上溯到 500 年前遷徙至珠江三角洲一帶的後裔。正是因為有了像我們這樣獨特的、持久的本地社群，才令香港不同於內地其他城市。族裔多元帶來文化多元，是香港的過人之處。」

要加入西洋會，必須持有葡萄牙國籍，或者有葡萄牙血統或出身，目前香港和澳門加起來大概有 20 萬這些葡人。葡萄牙於 1989 年給予所有 1981 年以前在澳門出生的人葡國公民身份。（英國在 1997年交出香港治權之前，並沒有給予香港人同樣的權利。）

Correa 說：「我們為會所重新注入活力。我們大概有 400 位居港會員，年齡由 18 到 95 歲不等，其中大概 4 成是女性會員；另有 300位非居港會員。20 年前，在經歷多年人口外移之後，（會員人數）處於最低點——當時的數字比上面說的還少，清一色男會員。會所正步向死亡，21 世紀了，我們必須不讓它與社會脫節。」

Correa 說：「自香港在 1842 年開埠（也是替英國東印度公司打工的

2019 年，為翻新後的西洋會所舉行開幕剪綵儀式。（圖片提供：受訪者）

葡萄牙人移居香港的那一年）以來，我們獨特的身份認同也隨之確立。如今我們可以紀念這身份認同——我們在香港有一段非常足以自豪的歷史。對這段歷史，香港人大多一無所知，然而珠江三角洲第一個歐洲人聚居地，是由葡萄牙探險家 Jorge Álvares 於 1513 年在一個叫 Tamão 的地方（即今天的屯門）開拓。葡萄牙人在該處活動了好幾年，後來被明朝皇帝驅離，幾十年後，澳門就誕生了。」

深深植根中國

Correa 來自一個深深植根中國的家庭。他們在澳門繁衍多代，直至他的外高祖（外曾祖父的父親）Matias da Luz Soares 於 19 世紀中葉

移居香港。他的外曾祖父 Francisco Paulo de Vasconcelos Soares（暱稱「Frank Soares」）是一名房地產商人，是其中一位最早在九龍何文田區開發住宅樓的發展商——何文田區的梭椏道（Soares Avenue）、艷馬道（Emma Avenue）和棗梨雅道（Julia Avenue），即分別以他本人、太太和女兒（即 Anthony Correa 的祖母）命名，無怪乎 20 世紀上半葉，何文田區有為數不少的葡人聚居。

他父親在上海出生，日本侵華期間移居香港。他兄弟倆和母親住在何文田 Frank Soares 家；他的叔伯們因加入（當年的）「義勇軍團」，抵抗日軍並保護家園及家人，被囚禁於深水埗戰俘營。

「抗戰期間，我外曾祖父是葡萄牙榮譽駐港領事。日軍進佔香港當天，400 名來自九龍和新界的葡人平民到他家尋求庇護，因為他們來不及逃到澳門去——不少葡人對侵華日軍的暴行早有所聞，所以早已出逃。

由於他們已經融入本地社會，這些難民家庭中，有不少持有英國殖民地的證件，但基於他們的葡萄牙國籍及血緣，日本人視他們為中立國公民。Soares 不顧備受難民湧至困擾的澳門政府的意願，向全數香港葡人簽發葡萄牙旅遊證件，讓他可以憑證離開日佔的香港。

此後，他們全數離開外曾祖父位於何文田自由道（Liberty Avenue）的住處，當中大部分人逃往澳門，但曾祖父選擇留下，與我祖母、我父親兩兄弟同住，度過日佔的 3 年半。背負著葡萄牙領事的身份，他強烈感到對尚留下的葡籍同胞（包括他那被羈留在戰俘營的兒子）負有責任。他們幾乎餓死。對我們家庭來說，那是可怕的歲

月，抗戰時期他們幾乎失去所有。」

Correa 的父親（也取名 Frank，以紀念 Frank Soares）在九龍喇沙書
院（La Salle College）就讀，祖母 Julia 則在鄰近的瑪利諾修院學校
（Maryknoll Convent School）上學。他們都是虔誠的天主教徒，每周
到太子道聖德肋撒堂（St. Teresa's Church）參加主日彌撒。Correa 的
母親 Vivienne 來自一個歷史悠久的歐亞裔家庭，一如外祖母，也在
佐敦的拔萃女書院（Diocesan Girls' School）上學。

Correa 的父母於 1967 年在香港結婚。當年香港的左派受內地「文
革」的影響，策劃反英活動，社會動盪持續經年。1968 年 1 月，
小兩口像很多其他家庭一樣，離開香港，移居澳洲。於是，命運安
排 Correa 於 1968 年在澳洲悉尼出生。1972 年，他們一家又遷回香
港。這時，Correa 父親因為其岳父過身，接管了後者的家族生意。

1977 年，Correa 父親賣掉香港的生意，又回到澳洲，在墨爾本
（Melbourne）定居，Correa 也就在墨市郊區長大。1980 至 1985 年
期間，Correa 入讀當地的賽維爾學院（Xavier College）。該校是一
所耶穌會學校，有不少愛爾蘭裔澳洲籍神父。

「幸好」，Correa 說，「我和 2 個弟弟都長得高，又擅長體育，特別
是板球（Cricket）[3]、籃球、英式和澳洲式足球。我們能照顧好自
己；在墨爾本那大樹成蔭的東郊地帶長大，我們有一個快樂的童
年。70 年代，種族主義在南太平洋國家仍然相當普遍；當地的孩

3　也稱木球。

1976 年 12 月，Correa 與家人於九龍佐敦區西洋波會慶祝節禮日。（圖片提供：受訪者）

子經常提醒我們：我們和他們白種澳洲人不一樣。除了不少澳洲人好友之外，直到今天，我的朋友當中，有不少來自意大利、希臘、中國或越南的移民家庭。我仍然跟母校維持著很強的聯繫，又擔任學校本地校友會的會長。」

1986 年，Correa 入讀皇家墨爾本理工大學（RMIT University），於 1989 年畢業，並取得財務學的學位，未幾再考取特許會計師資格，後加入羅兵咸會計師事務所（Price Waterhouse）[4] 在墨爾本的分支。

回到香港

1992 年，Correa 趁度假的機會，在闊別香港 15 年之後，再次踏足香港。「我走進西洋會所，跟時任會長沙利士（Arnaldo de Oliveira Sales，暱稱 Sonny）共進午餐。他歡迎我回來。打從我們幾兄弟還小、經常到新界西貢域多利遊樂會（Victoria Recreation Club）和九龍佐敦區西洋波會（Club de Recreio）度周末的時候，就認識他。」Correa 在舅公位於窩打老道家的天台住了 3 個星期，他很喜歡那個地方。留港期間，Correa 參加了中國旅行社（香港）組織的廣州遊，領略一下內地是怎麼樣的。「自家父還是小孩的時候離開上海以來，這是我們家族中第一次有人去內地。家母因為對共產主義有恐懼，從未踏足內地。我從廣州回來後，我舅公頗接受這此行程，但我舅婆覺得我在那個時候去內地，簡直是瘋了。」

---

4 內地譯作「普華會計師事務所」；「羅兵咸」1998 年與「永道會計師事務所」（Coopers &Lybrand）合併成「羅兵咸永道」/「普華永道」（PricewaterhouseCoopers）。

事先並未預約，他逕直跑到中環太子大廈羅兵咸的寫字樓，問人家他心目中的那個部門可有空缺，他想申請。然後，假期完畢前他回到墨爾本；6 個月之後，香港羅兵咸聯絡他，問他有否興趣加入該行的「公司財務及業務重組」部。

「家母反對我來港。作為聯合國難民事務高級專員公署駐墨爾本代表，家母以自己的新祖國自豪，同時對自己孩提時代內地的動盪猶有餘悸，但家父說：『你應該去，看看這個世界。這樣你會得到磨煉、積累難能可貴的經驗。』」因此，Correa 接受了羅兵咸的聘書，於 1993 年移居香港，自此他一直以香港為家。

就這樣，他又重投香港葡人社群的圈子、重新熟悉父母兩邊家族的親友，以及新認識的叔叔阿姨。他重返西洋會所後的第一次午餐聚會，由耶穌會的 Marciano Baptista 神父致歡迎辭。Baptista 神父和他父親一家幾代人，無論是寓居香港還是寓居澳門時，都過從甚密。Baptista 神父曾在墨爾本賽維爾學院教過好幾年書，故在 Correa 還是個少年的時候，就對他很了解。Correa 熱愛體育運動，並加入九龍木球會（Kowloon Cricket Club），以隊長身份帶領香港隊參加全國性板球比賽。他還曾擔任香港殘疾人奧委會暨傷殘人士體育協會的義務司庫。

在羅兵咸（澳洲），他曾在企業融資和結構重整相關部門工作，故來到羅兵咸（香港）後，也在對應部門工作，駕輕就熟，得心應手，晉升也快。Correa 繼續他在墨爾本已經開始的工作——代表羅兵咸打理當地滙豐銀行、渣打銀行的業務重組事務，直至 1997年亞洲金融風暴爆發。當時，羅兵咸在大中華地區（包括設於廣州

和上海、規模不大的辦事處）共有員工約 500 人。「同事幾乎都互相認識，所以無論是作為一個工作場所還是多認識香港人，那裡都是很棒的地方。」

客戶銀行委託羅兵咸對債務違約企業進行機構或業務重整，冀透過改善後者的財務狀況，收回銀行貸出的債款。Correa 解釋說：「那是個複雜的世界，我們得找出解決方案。我們跑到東莞，關掉（虧損的）工廠。那時候，有關保障債權人利益的法律十分有限，一切都要談判。有時候會涉及關掉工廠，造成失業；有時候不理解情況的僱員或供應商會有對抗情緒。要對他們解釋為甚麼老闆跑掉了、為甚麼銀行要接管，是很頭疼的。我們主要代表銀行和債權人。」

站到買方那邊去

在羅兵咸（香港）服務了 6 年後，Correa 在 1998 年轉到日本最大的證券經紀行野村證券（Nomura Securities Co., Ltd.），擔任其自營交易（Proprietary Trading）亞洲業務的主管（當年他只有 30 歲！）。他服務野村證券共 5 年。

離開野村後，Correa 決定放自己一年假，期間籌備自己和未婚妻——一位新加坡籍華人律師 Rebecca——的婚禮（2004 年於澳洲維多利亞州 Yarra Valley 舉行）。目前，夫婦倆共育有 3 名年齡由 9 歲到 14 歲的孩子。他們既說英語，也說普通話。

一種新式金融機構正在冒起：對衝基金。Correa 解釋說：「這種基金有很多種，但一般概念是：我們和客戶結成基金夥伴，在複雜的

特殊市場情況下投資，或針對不良資產進行投資，覷準市場波動或市場效率低下而從中獲利。」

2005 年，Correa 決定投入其中一家：Polygon Global Partners（PGP）。他和太太在倫敦生活了一年，在 PGP 的辦事處上班。一年後，他回到香港，為 PGP 開拓香港的業務。

在 PGP 工作四年後，Correa 於 2009 年在 6 位曾在 PGP 共事的戰友的鼎力協助下，創立了自己的對衝基金──Black's Link Capital。「Black's Link」這名字，取自港島山頂區一條遠足、緩跑徑（中文名稱為「布力徑」，英文則與 Correa 的對衝基金名字相同）。2011 年，他事業上再有新路向──加入財務諮詢公司 Taconic Capital Advisors LP，在該公司又服務了 7 年。

Correa 在金融界打拼近 30 年，期間他參與了很多廣為人知的債務重組項目，例如百富勤融資（Peregrine Capital）、韓國的三星（Samsung）和現代（Hyundai）、印尼的阿斯特拉國際（Astra International）、香港的來寶集團（Noble Group）、日本的奧林巴斯（Olympus）、爾必達（Elpida）和活力門（Livedoor），以及內地的嘉漢林業等。

「那是既刺激又具挑戰性的工作。它的壓力可以很大，牽涉包括出售資產、削減成本和人手在內的重整過程」，他說：「和律師及其他利益相關方共同解決問題，難免有爭議。你會學懂有關法律體系的知識，見識到像印度等地方的法律程序可以拖多長！」

在 Polygon Global Partners 時的工作夥伴 Tony Blair（左）。（圖片提供：受訪者）

重塑西洋會

從 2018 年起，Correa 便投入不少心力在西洋會的翻新。項目用兩年時間規劃，在建築師和工程師的努力下，工程花了 18 個月，準時完成，沒有超支。Correa 提供這些服務，分文不取，就像葡人社群中其他有建築、設計、商業、財務和法律背景的志願者一樣。「這個城市待我很好——我在這裡認識我太太，我們在這裡組織自己的家庭，我想回饋些甚麼。」Correa 說。

西洋會位於中環雪廠街一棟 27 層高的樓宇——西洋會所大廈——的最高 5 層。會所以下的 20 層是出租的辦公室空間，最底下的 3 層是零售店舖。

大廈天台矗立著一座 3 層樓高的基督十字架，它讓人想起早年的葡萄牙船隻：船上總是豎起那紅色等臂十字架，一望而知是他們信仰的標誌。27 樓是整個西洋會最壯觀的廳堂——Salao Nobre de Camoes（「賈梅士大舞廳」[5]）。大舞廳四周有 3 面都圍上 2 層樓高、從地板到天花板（呈鋸齒狀）的大窗。遠眺，維多利亞港兩岸耀目的玻璃幕牆摩天大樓盡收眼底；俯視，一邊可一窺香港特區行政長官官邸，另一邊可欣賞滙豐銀行總行大廈。

大廳的一面牆展示了賈梅士一首史詩《盧濟塔尼亞人之歌》（*Os Lusíadas*）中的 2 節，就在入口處的另一面牆則是一幅世界地圖，展示了 15 至 16 世紀葡萄牙探險家、航海家先驅所採用的航海路線。2003 年，會所破天荒接納女性會員。

Correa 說：「我 2002 年首次加入理事會。西洋會面臨生存危機，當時理事會的其他成員大多已經 80 多歲，他們都是非常老派的葡萄牙人，像羅理基爵士（Sir Albert Rodrigues）、羅保爵士（Sir Roger Lobo）和前會長沙利士等人都是了不起的尊長，就像我們自己的『叔伯』，我們必須尊重他們。當時，除非與那些老一輩的理事有私交，否則很難進入他們的圈子。

我們必須改革香港葡萄牙人的身份認同，向香港和澳門更大的社群開放自己，讓我們不致與社會疏離、脫節。港珠澳大橋正在開通，澳門的葡人社群和我們只是一程旅遊巴的距離。」

5　賈梅士（Luís Vaz de Camões）是 16 世紀葡萄牙詩人。

西洋會只限葡萄牙國籍持有人入會。這是否意味著會員必須說葡語？在香港加上澳門那約 20 萬葡人當中，只有很少一部分人掌握葡語，其餘大部分已經被兩地社會同化，只說粵語和英語，不說葡語。今天，儘管還有些會員（外加一些職員）會用葡語溝通，但會所的主流交際語言肯定是粵語和英語。

Correa 強調：「我們希望保留葡語的傳統，最近還復辦曾經很受歡迎的葡語課程——（按使用人口多寡計）葡語迄今仍是全球第六大語種，操葡語的約有 2.6 億人。

「翻新工程必須反映我們的混合文化認同：不完全是中國人、不完全是葡萄牙人。今天，普通話會越來越重要，我們這些遠東葡人社區將會適應。葡萄牙人曾經在印度、印尼、帝汶、馬來西亞、韓國和日本存在好幾個世紀，那些地方的語言和文化也都學會了。」

會所的翻新工程，所需資金完全由西洋會內部募集。為此，會方採取「市議會」模式，邀請會員開會，公開、透明地討論設計規劃、意見調查結果等——大家的事，合力出資，一起來辦。

「此前，會所滿是老舊的木板，看上去挺沉悶；另外，只有 26 樓一間餐廳。現在我們有 3 間，包括糕點咖啡廳、酒吧內的自助餐吧；而 26 樓的精緻餐廳，由聘自葡萄牙的行政總廚打理，有不少食材也由葡萄牙進口。除了提供葡國和澳門土生葡人的菜式以外，餐廳還提供帶有過去葡國東方殖民地風味的美食，例如印度前葡國殖民地果亞（Goa）的咖哩、廣東人至愛的炒麵、香港的多士（吐司）等等。葡式蛋撻（Pastel de Nata）固然是保持了葡人的傳統，就是

著名的日式美食天婦羅（Tempura），也是先由葡萄牙人帶到日本去的，我們這裡以 Peixinhos da Horta（意譯：來自花園裡的魚）呈現。」

翻新後的會所，新設了一間麻將室、橋牌室、圖書室，以及幾間可供會員租來作私人聚會之用的功能室。新會所有亞洲其中一處最大的葡萄牙紅酒及烈酒酒窖。會所內還有不少文物，包括一台曾裝在一架首航里斯本至澳門的航線的飛機之螺旋槳，以及幾本葡英對照的舊聖經。此外，會所還藏有不少書，包括以澳門方言出版的書。

西洋會於 2016 年開始出版季刊，記錄此城葡人社群的無數故事；也是在這一年，西洋會推出官方網站及 Facebook 專頁。該會也推動和過去主要葡人會所組織——域多利會（Victoria Recreation Club）和西洋波會——結成對等互惠的安排。Correa 又擔任主要面向澳門土生葡人家族、覆蓋所有土生葡人家譜的網站——Macanese Families（土生葡人家族）的顧問。Correa 解釋說：「這是一個活的網站，我們定期更新內容；我們的會所是一個活的會所；那是我們希望留給下一代的文化遺產。」

「我對其他在香港的族群的建言是：保持融入當地社會、不脫節，但同時以自己的歷史為榮。」Correa 說。

歷史的軌跡

Correa 稱，他和太太有意識地作了一個決定：要確保他們的孩子能讀、寫（中、英）兩文，能聽、說（英、普通話）兩語，好讓他們將來能自如地在大中華地區生活、工作——如果這是他們的意願的話。

他的 2 個弟弟之一，也先後在香港和新加坡生活、工作，事業生涯
中有相當時日在亞洲度過。他妹妹曾在北京生活、工作超過 6 年，
能說普通話。「在某些方面，（今天的）葡人社群和家父、祖父那時
候沒有太大分別。我們對亞洲和中國沿海很熟悉，哪裡有做買賣、
工作和經濟機會，我們就移居到哪裡。今天，人們管這叫全球
化，與亞洲貿易往來 5 個世紀之後，葡萄牙社群比其他族群更深
諳此道。」

Correa 的大女兒和兒子入讀位於港島東的寶馬山區、私立的漢基國
際學校（Chinese International School）。「唸十年級的學生，須到內
地一所學校修讀一年。我們女兒今年 8 月開始到杭州上學。（其實）
香港所有學校都應該這樣做——這是將來，孩子有越多關於內地
的體驗越好。我們女兒甚至在考慮，將來的其中一個升學選項，是
到內地修讀部分本科課程。」

Correa 說，過去的共識是，西方有較好的機會，但現在時移勢易
了。「歷史的軌跡現在青睞亞洲，我們正回到殖民統治時期前的年
代。西方現在更偏向於向『自顧門前雪』——歐洲某些國家（比如
德國）除外。特朗普、瑪琳勒龐（Marine Le Pen）[6]、英國脫歐等，都
是比較極端的例子；可是在香港和澳門，我們都知道全球化對東、
西方都有好處，並在過去數百年都已帶來十分可觀的經濟繁榮。」

「沒有人能想像到中國怎樣能在兩代人的時間裡，從『北韓』蛻變
成『加州』。怎麼可能？這個國家出色地應對了新冠肺炎。前路將
是崎嶇的，但我很樂觀。」Correa 總結說。

---

6 法國極右翼政黨領袖。

「這個城市待我很好——
我在這裡認識我太太，
我們在這裡組織自己的家庭，
我想回饋些甚麼。」

二戰後香港葡國裔第三代

PILAR
MORAIS

皮拉・莫賴斯（Pilar Morais，下稱 Pilar）在香港經營一個連鎖式五星級服務式公寓，又經營斐濟島上一個度假村。她育有 3 個孩子，熱愛運動，並活躍於學校及社區事務。她的生命非常豐盛。

Pilar 掌舵的公司叫「太極軒國際酒店管理有限公司」（CHI International），是父親菲利普・莫賴斯（Philip Morais，下稱 Morais）、她兩個哥哥和她在 2007 年共同創辦的生意。父親是澳門一個土生葡人家族的第七代後裔，祖父母於第二次世界大戰結束後移居香港，為的是讓孩子們有更好的發展。

Morais 一直是 Pilar 的模範。今年 73 歲的他，是公司的董事會主席，目前仍扮演積極的角色。

對酒店旅館行業來說，新冠肺炎是個災難。Pilar 說：「目前我們的入住率是 30%，而平常是 85% ~ 90%。以目前的環境來說，30% 已經不錯了。」

與英皇佐治五世學校的緊密關聯

Pilar 1982 年 5 月 22 日於美國三藩市出生。母親立定主意：要生孩子的話，就到美國生，讓他們成為美國公民，將來有更多機會。

她在香港長大、接受教育，她上的學校，都是香港英基學校協會的成員——小學在九龍小學（Kowloon Junior School），中學則在英皇佐治五世學校。

在澳門土生葡人中，Pilar 的父母非同一般。上世紀 60 年代香港爆發左派動亂，其後，手持葡萄牙護照的土生葡人大部分決定移民去美國、加拿大、澳洲、巴西，或歐洲。「我們家族大部分的人都去了澳洲東岸或者美國加州，一個去了丹麥；但家父對香港有信心。他一直都有，到今天也還有。」Pilar 說。

她父親來自一個家境一般的家庭。他一家和另外 5 個土生葡人家庭共同擠住尖沙咀山林道一個住宅單位裡，大大小小住客合共 20 人。他們在主臥房裡搭建了一層閣樓，孩子們都睡在閣樓，大人則睡下層。他先後入讀賈梅士學校（Portuguese Community Schools, Inc., Escola Camões）[7]、喇沙書院和香港理工學院（Hong Kong Polytechnic）[8]。

Morais 在滙豐銀行開始他的職業生涯，後來轉到一家投資公司——Canadian Investments Company，再後來加入一家瑞士投資公司，專責共同基金業務。1975 年，他買下自己的第一個物業，並成立自己的公司。到了 1980 年代，他已擁有多元化的物業組合。

作為一個創業家，他贏得出奇老鼠薄餅樂園（Chuck E. Cheese）和漢堡王（Burger King）的香港特許經營權，但他競爭不過強勢宣傳、號召力無遠弗屆的巨無霸（Big Mac）。

車到山前必有路。他決定創辦自己的兒童室內娛樂品牌——歡樂天地（The Wonderful World of Whimsy），場地同時提供電視遊戲、

7　即今天「保良局陳守仁小學」的前身。
8　學院到 1994 年才升格為「大學」。

Pilar 的父親 Morais 與祖母。（圖片提供：受訪者）

保齡球等玩樂，很快便取得香港市場的領導地位。Morais 一共開了 37 家分店，所涉場地只租不買，從財務的角度看，他風險很高。

其後，Morais 又闖入一個新的領域：服務式公寓。有一年夏天他因事前往倫敦，到訪過埃克爾斯頓廣場（Eccleston Place）一處這樣的公寓。他心想，這種產品為有需要短期住宿，但又不想住酒店的商旅客人提供了另類選擇，在香港會有市場——它和酒店價錢相若，但空間更大、自由度高。於是，他立定了主意。

Morais 1991 年回到香港後，便以 10% 自有資金、90% 的貸款，買

下一棟大廈，把每一層都翻新裝修，化身成服務式公寓。那是香港首個這樣性質的設施，自此這門生意便一直養活他們一家。一年後，他把那大廈賣掉，利潤超過 100%。

經此一役，Morais 看到服務式公寓大有可為，於是創立自己的品牌——莎瑪（Shama），後來一共在全港興辦了 250 套這樣的公寓。他買入銅鑼灣時代廣場對面一棟辦公大樓，把它改建成公寓。1991年，他買下中環雲咸街一座辦公大樓的其中 6 層，今天「太極軒」的辦公室，就設在那裡。

Morais 的孩子們也非常了解父親的生意。Pilar 說：「我們還是小孩的那時，他經常帶我們去開會。他想讓我們知道他在幹甚麼。」

Pilar 非常享受她在小學和中學的學習生活。她選修電腦、工商管理、數學和心理學。她的體育表現出色，曾代表香港出戰曲棍球和網球比賽，也獲選加入香港投球（Netball）[9]隊。

「佐治五世有很強的群體意識。我結婚時的姊妹團全都是佐治五世時的同班同學；今天我最好的朋友也是我的同班同學。」她透過擔任學校財政委員會主席，以及參與校友事務，維持和母校的聯繫。

1991 年，一位家庭朋友 Samantha Martin 成立了一個以扶持年輕人為宗旨的慈善組織——啟勵扶青會（Kely Support Group）。創辦之初，該會旨在幫助有濫藥和酗酒習慣的年輕人，及後，由於看到這

9　即無板籃球，也稱籃網球。

Pilar 透過擔任佐治五世的財政委員會主席，以及參與校友事務，維持著和母校的聯繫。（圖片提供：受訪者）

些現象有其更深的根源，乃把服務拓展至精神健康和正向發展；到 2021 年，剛好是該會成立 30 周年。目前「啟勵」活躍於香港的本地學校和國際學校，以華語和英語提供服務。Pilar 是啟勵董事會成員之一，也是該會籌款及活動委員會及 30 周年會慶籌委會的主席。

洛杉磯：老是開車，缺安全感

升讀大學，Pilar 選擇了洛杉磯南加州大學（USC）的馬歇爾商學院（Marshall School of Business）。其實她也申請過英國的大學，包括倫敦國王學院（King's College London）。「當我到訪英國那些大學，他們不知道怎麼應付我，也沒人歡迎我；但當我到訪南加州大學的時候，

他們展開雙臂歡迎，專門指派一位教授領我參觀一切可以參觀的。」

Pilar 在南加州大學選修企業財務。課餘她經常打曲棍球和投球，球友大多來自英國、澳洲和新西蘭──曲棍球和投球在美國不太流行。她在南加州大學度過 3 年半。

「我不喜歡洛杉磯。這座城市無序擴展，你花在車子裡的時間越來越長。來自香港，年輕女子晚上四處跑，是件危險的事。我們來自的大家庭在加州北部的三藩市。」

2004 年 1 月，Pilar 移居澳洲悉尼。「我想有另一種體驗。我父母沒有給我壓力，要我回家或者參與家裡的生意。」但結果那感覺不是太好：頭 2 個月她找不到工作；企業不願意聘用不符合他們傳統格局的人──她不是白人、不是男性，也沒有澳洲大學的學位文憑。

到了 3 月，她終於獲一家小型金融公司聘請（她前後在那公司工作達 3 年半）。下了班，她會去衝浪，然後回家遛狗，之後回家做晚飯。

Pilar 在悉尼染了一種慢性病──潰瘍性結腸炎，導致結腸和直腸出現炎症和潰瘍。她只好在家工作，飯餐由當時的男友準備。她有 2 個星期臥病在床。

她父母去看她。「家母問：『你在這裡幹甚麼？澳洲的生活方式該是你退休的時候才過的。在你這個年紀，你應該努力工作，盡情玩樂。回香港去。』她說得對。那是個容易做的決定。」於是，她 2007 年 7 月回到香港。遠程為澳洲的金融公司完成那未完成的項目。

「香港將會是我們的基地，
我們的業務如常。
我們正觀察葡萄牙和倫敦。
世界將會連結得更緊密。」

創辦太極軒

2006 年賣掉莎瑪後，Morais 已經有足夠的錢退休，但這不是他的性格。他必須保持活躍，而他最鍾情房地產生意。他發現服務式公寓生意的年回報率是 9%，高於酒店的 6%。

因此，Morais 和他的孩子合力創辦新公司——太極軒，又回到服務式公寓的老本行。他們買下九龍上海街 279 號，作為再展拳腳的第一棟樓，進行改建。2007 年，他們再在九龍購入並改建 3 座物業。

2008 年夏天，首 3 家服務式公寓開張。未幾，亞洲金融風暴來襲，太極軒失去它的核心客群——20 到 30 歲的男性白人投資銀行家。

「我們的入住率只有 20%。我們得調整策略，吸引其他顧客。」Pilar 說。所謂「其他顧客」，包括來港產子的內地孕婦，以及來自內地、印度和日本的製衣業行政人員。

「我們必須隨機應變——起初，那些公寓房間不准抽煙。但新客戶不太能適應，繼續抽煙，在杯子裡把煙蒂弄滅。」

截至 2021 年，公司在香港共有 4 處物業，合共超過 200 套公寓。公司專攻「媲美五星級酒店但可負擔的高端居停」這個市場空間。她形容自己（意譯）「完美地為賓客提供一個『身不在家、勝似在家』的均衡生活空間和舒適體驗。公寓糅合了貼心的室內裝潢、最新的設施和親切的服務，在滿足你的商旅需求的同時，提供一個你可以身心放鬆的靜修假期。」

房間大小由 290 到 2,400 平方尺不等，月租則介於港幣 17,600 到 150,000 元之間。位於港島西區西營盤的那家有 19 間套房，接受攜同寵物（包括狗、貓和烏龜）入住。

太極軒房間的室內裝潢，必須針對不同客戶的不同口味。「我們選擇中性、適合任何年代的裝潢。我們選用香港藝術家的設計。」Pilar 說。

市場競爭很大。太極軒不單和其他服務式公寓競爭，也跟不少四星、五星級酒店爭奪相同的短期住宿對象客群。

斐濟闢度假村；上海遇滑鐵盧

太極軒花了 6 年時間，在上海投資——把一座 1950 年代的電影院改建成一家有 49 間套房的酒店（但酒店卻從未開張營業）。

太極軒又取得 3 棟帶服務式公寓的建築的管理合同。他們聘請一位上海出生、曾在康乃爾接受教育、又曾與 Morais 共事的男士當上海店的總經理。3 棟樓都有錢賺；但叫人氣憤的是，他們發現那位總經理背地裡與大廈的業主另行簽約。「他把我們擠走。我們和他 25 年來的工作關係竟一文不值。我們的巨額投資付諸東流。」

公司也研究過拓展到泰國和新西蘭的可能性，但最後還是打消念頭。

一個最終成事的項目，是位於西南太平洋斐濟共和國的第三大島——塔妙尼島（Tavcuni）的花園島度假村（Garden Island

Resort）。如果從斐濟的楠迪（Nadi）國際機場坐螺旋槳飛機，90
分鐘可達。據公司資料介紹，「度假村有 30 套房間，提供廣角度海
洋景觀、令人屏息的日落景色、高爾夫球場、網球場；出海釣魚、
潛水，還有觀鳥。」

該項目是 Morais 與斐濟 42 年商務往還結下的果。當年他 25 歲，
金門建築（Gammon Construction）聘請他向香港的外籍員工推銷斐
濟的物業。Morais 自己購入項目中最大的房子。從 2004 年起，一
家人開始較多地到那裡度假。其後，他們買下塔妙尼島上歷史最悠
久、規模最大的酒店，把它改建成花園島度假村。「我們都是潛水
的狂熱愛好者。去過那裡那麼多年了，我們對這個地方有個人感情
的連繫。」Pilar 的 2 位哥哥負責度假村的營銷。

家庭

2011 年，Pilar 和她的老同學（軟件工程師、投資商）結婚，二人
共育有 3 個孩子（現在分別 10 歲、8 歲和 2 歲），一家人住新界
清水灣半島。2 個較年長的孩子都到哈羅香港國際學校（Harrow
International School Hong Kong）上學，但將轉去英皇佐治五世學校
完成學業——像他們父母一樣。

服務式公寓以外，Pilar 也在港島西營盤開設一家鄰里咖啡館——
Opendoor Cafe + Courtyard 以及一個私人活動及共享工作空間——
PLATFORM。

Morais 已把自己的工作基地設於菲律賓——但絕不是退休。他精

Pilar 與家人的合照。（圖片提供：受訪者）

力無窮，身上背負著 4 項業務運作，才感到滿足。

將來怎麼樣？Pilar 說：「香港將會是我們的基地，我們的業務如常。我們正觀察葡萄牙和倫敦。世界將會連結得更緊密。」Pilar 持有英國、澳洲和葡萄牙護照，令她周遊世界各地，十分方便。她的孩子都有這些護照，外加美國的護照。

Pilar 和她 2 位哥哥都放棄了美國護照，因為 2008 年金融危機之後，美國政府（對護照持有人）實施了非常嚴格的申報要求。「這些規定十分繁瑣。（私人銀行）Coutts & Co 切斷了我們和它長達 35 年的關係。我和他們談了 3 個小時，但還是不足以滿足他們的要求。」

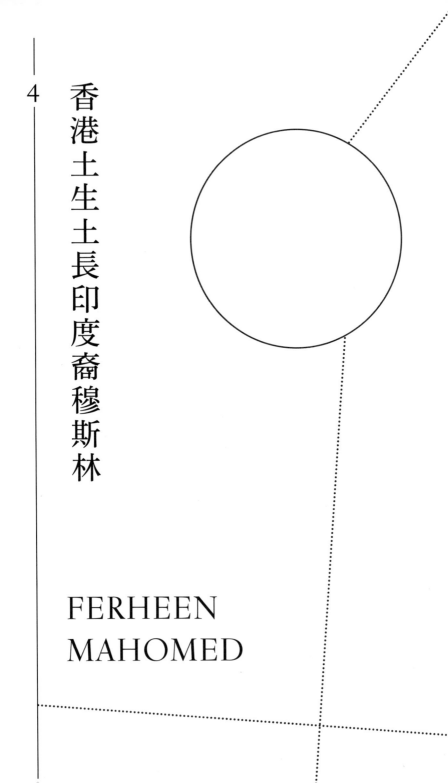

4

香港土生土長印度裔穆斯林

FERHEEN
MAHOMED

Ferheen Mahomed（有個中文名「馬穎欣」，下稱 Mahomed）先後為兩家香港的法資銀行，以及香港的證券市場監管機構擔任最高法律顧問，為香港奉獻她整個職業人生。

但她無法取得香港特區護照；另一方面，她擔憂這個城市正失去它的動力和雄心。

她說：「人們不像過去那樣吃不飽。他們（現在）比較自滿。我有點擔心香港，它正失去它的魔力。它不再有過去那種『起來，走吧！』的精神。父母們對他們的孩子百般呵護，不一定肯讓孩子們自己拍翼展翅，怕他們犯錯，殊不知那正是成功的先決條件。」

在好幾十次因公往返中國內地的旅程中，她都是用蓋在她那英國國民（海外）護照（BNO）上的簽證，但自 2021 年起，中國政府不再承認她的 BNO 護照，因為英國宣布 BNO 護照持有人可以申請英國居留權並最終成為公民。Mahomed 並無申請英國居留權的意圖；護照不獲承認，實際上就等於剝奪了她入境中國內地，到處旅行的權利。她認為，不承認 BNO 護照的政策，應該僅適用於已申請英國居留權的人，而不應不問情由、一概拒認。

對非華人來說，申請特區護照不是件例行公事，要先經過歸化的程序。雖然 Mahomed 願意而且具備資格歸化，但入境處有權作出批與不批的決定，看來她只能期盼入境處能遂其所願。

對抗貧窮

Mahomed 1965 年 5 月 24 日生於一個印度穆斯林的小康家庭。她父親在澳門出生，是他家族在南中國繁衍的第四代。每一代的男性都會返回印度家鄉，通過長輩的安排娶妻成婚。Mahomed 的母親生於孟買達達爾區（Dadar），是家中第二個孩子；她姐姐在澳門出生。

父親移居香港，經營自己的進出口生意。生意不太順利，家境不怎麼樣。母親沒有外出打工，因為她認為這樣做有損家庭的地位、影響兩個女兒的婚姻。然而，為了生活，她在家裡接裁縫活，為穆斯林婦女縫製她們穿的衣服。

談到她母親的手藝時，Mahomed 讚歎道：「家母的縫紉、編織、刺繡等等的手工，細膩精美。我還保存著她為我打的毛衣，還用鏡框保存好她那美妙的刺繡作品。那是最純粹的藝術形式。」

Mahomed 在香港天主教嘉諾撒聖心學校（Sacred Heart Canossian School）上小學，在那裡學會廣東話、結識香港人朋友。「我是唯一的棕膚色女生。我的所有同學都是本地人。我看起來肯定不一樣，人家是不是接受我，是個問題。我決心一定要讓人家接受我，我要完全融入中國人的文化：學中文、吃中國菜；只說廣東話、看廣東話的電影，甚至打麻將。」在家時，母親和她說印地語，她用廣東話回答。

到了中學，Mahomed 還在嘉諾撒仁愛女修會的學校——嘉諾撒聖心書院（Sacred Heart Canossian College）——就讀。「我每天都到教

堂，很受這宗教感動。家母是個虔誠的穆斯林。我沒有學阿拉伯語言，對《可蘭經》一無所知。她寧可把我送到港島中學（Island School），但我們家負擔不起那學費。在那時，我已經完全融入學校，很感恩有機會留在『聖心』。直到今天，我最親密的朋友圈子，都是來自聖心的。我們之間沒有文化或者種族的隔閡。正如我的朋友說的，我比中國人更中國人。」

Mahomed 的目標，是逃離困住不少低收入南亞人的貧窮網。「我 11 歲的時候便決定長大要當律師。我是受一套家喻戶曉的美國電視劇中的律師 Perry Mason 的啟發。我想做像 Mason 一樣的訴訟律師。在中學、大學，我都是辯論學會的積極分子。」

Mahomed 向牛津大學申請並成功獲得一個修讀法律的獎學金，對她來說，這可謂夢想成真——只可惜獎學金僅覆蓋課程學費和前往英國的旅費，並未包括生活費。儘管她嘗試取得資助，但獎學金本意並非如此；幸而，她同時考取了香港大學讀法律系的入學資格。她在港大格外努力學習，又參加傑賽普國際法模擬法庭辯論賽（Philip C. Jessup International Law Moot Court Competition，簡稱 Jessup）。Mahomed 和隊友合力把港大法律學院辯論隊攀登到世界四強的高度。當年，港大法律學院未有經費支持她們參加國際比賽，她們竟舉行私物拍賣自籌經費，活動大獲成功——師生們興致勃勃，慷慨解囊，讓她們可以成行，自此她們被戲稱為「傑賽普傻妹子」（Jessup Follies）。今天，她和當年的隊友關係依然密切、依然維持（幾乎）每季一聚。

在港大唸書期間，每到夏天，她便到全球其中一家規模最大的律師

事務所——貝克‧麥堅時國際律師事務所（Baker & McKenzie）——的香港分所實習。「那是一個非常棒的跨國計劃，它吸收來自香港和海外的學生，讓他們有機會接觸到變動不居、包羅國際的意念交流。我們既努力工作，也盡情玩樂。」

到了 Mahomed 大學三年級時，母親在家邊看電視邊做針線活，聽到有關羅德獎學金（Rhodes Scholarship）消息的播報，知道羅德基金會（Rhodes Trust）每年都會向一名香港學生提供一個到牛津大學留學的獎學金名額，當年是該計劃延伸到香港的第三年，所提供的待遇相當優厚：學費、住宿、生活津貼和來回機票——一項不缺！

母親告知 Mahomed 並鼓勵她申請，結果她順利進入最後遴選。候選生獲邀出席面試，面對共有 8 人——包括列顯倫大法官（Justice Henry Litton）——的評審團。對年輕學生來說，那種陣勢令人望而生畏。

應邀的是「最後四強」，包括 3 位本土華人學生。校方安排他們進行小組討論，分兩節進行，評審在一旁觀察。面試和討論從上午 9 時到下午 5 時（午飯時段休息），共進行一整天，精神高度緊張。最後，當得悉自己中選，Mahomed 雀躍萬分，直到今天，她仍認為自己有幸運之星眷顧，當然還須感謝母親當天將偶爾聽到的信息及時傳遞，加上愛女心切的關愛鼓勵，才得以轉化為女兒的坐言起行、毅然申請。

「別挑白人男孩！」

Mahomed 成功中選，母親一則以喜，一則以憂——憂慮女兒獨自遠赴英國生活 2 年。她叮囑 Mahomed 不要選白人男友、不要有婚前性行為。

由於 Mahomed 從未見過外祖母，她決定在前往英國之前，路上先到印度逗留一個月。她先後到訪孟買、班加羅爾和果亞，看望母親的家族成員。

「家母很會講故事。為了這些探親，她替我妥為打點。她描述自己出生時候的房子。從她那裡，我早已看到、嗅到、品嚐到印度，因此此行沒有甚麼可詫異的，況且我還能說印地語呢。外婆瘦而嬌小，思想十分開通。她親了我額頭一下，說：『去，孩子，去看這個世界、做你想做的』。」

其他家族成員的看法可不一樣。他們雖然對 Mahomed 能獲得羅德獎學金，感到與有榮焉，但卻說她不必到英國去。有了這個光環，她應該留在印度，用它來找個金龜婿。他們不知道：沒有人熱衷於娶一個固執、任性的女孩。

Mahomed 頭一年就進入聖約翰學院（St John's College），是該學院第一個來自香港的學生。「那裡有最好的法律圖書館、最好的庭園、能令人發奮向上的助教和同學。食物也是格外的好。我的指導學長 Leo Goodstadt 在『聖約翰』就讀，知道我在那裡會受啟發。」

踏入第二學年，Mahomed 和 4 位分別來自德國、墨西哥、加拿大和英國，修讀理論物理學的學生合租一座房子。能有機會和自己的舒適區以外、來自不同學科的人相處，確實很有啟發性，那差不多就像學習一種新語言。

Mahomed 以 Recognition of Foreign Judgements（意譯：〈外國裁決的承認問題〉）為題的論文，取得甲等（A Grade）成績，對此她的室友功不可沒，因為他們對 Mahomed 的功課給予非常嚴苛的評語。「物理學家非常重視邏輯，且慣於挑戰每一個假設。它教會我從不同的角度看法律。」Mahomed 說，她命中與物理學家有緣，因為她的大兒子正在倫敦帝國學院（Imperial College London）唸物理。

香港「貝克・麥堅時」的合夥人到英國出差時，會到牛津看望 Mahomed。他們說她很合群，很適合在事務所工作、適合團體協作。儘管她一直想做訟務律師（Barrister，又稱大律師），但得承認合夥人對她性格的分析有一定道理，加上當一個事務律師（Solicitor，又稱律師），會有不俗且穩定的薪金，不像大律師般，性質上其實是自僱。

Mahomed 聽從了該次的「高層遊說」，兩年課程結束後，1990 年回到香港，向貝克・麥堅時報到，接受事務律師的訓練。取得執業資格後，她加入了香港的司力達律師樓（Slaughter and May），並於 1994 年隨事務所遷往倫敦，服務至 1996 年。

「你永遠不知道你會在哪裡。

一團糟是平常事，

但我從中成就了事業發展。

我每一天都在離開自己的

舒適區。」

愛情人生

Mahomed 開始她的愛情之旅,是 1992 年的事。那年她在香港遇上一個華籍馬來西亞男孩——她未來的丈夫。那時正值他在港工作 6 個月期間當中,此後二人的感情發展主要是遠隔兩地進行——當年,WhatsApp 文字或語音通信遠未面世。二人初識時,男孩在倫敦任職,為與 Mahomed 共處,他移居香港;但很快,倒是 Mahomed 移居倫敦。再之後,她又遷回香港,而男孩則決定去英國攻讀工商管理碩士(MBA)。再再之後,男孩移居馬來西亞,Mahomed 則遷往新加坡。

戀愛前後談了 6 年,二人決定結束愛情長跑,結成夫婦——儘管各自仍然在不同國家生活。他們都贏得對方家庭的接納,並跨過了兩個家庭不同族裔、不同文化和不同宗教的挑戰。結婚當天,新郎要從馬來西亞南下越境,到新加坡新娘子住的地方。隨後的一個周末,他們在馬來西亞浮羅交怡(Langkawi)[10] 舉行慶祝會,與會的都十分放鬆、隨便,新郎和他的好友從浮羅交怡達泰(Datai)高爾夫球場趕回來出席晚上舉行的婚宴——他們竟然遲到!(因為比賽受雷暴影響,一再停擺)無論如何,一天下來,一眾親友皆盡興,至今美好記憶猶新。

新婚夫婦要到婚禮後幾個月,才最後決定把家安在香港!1998 年他們一起移居香港後,這裡就一直是他們的窩。

---

10 馬六甲海峽一個近岸島嶼、度假勝地。

年輕夫婦的第一個兒子，是在 1999 年 3 月 16 日出生的 Joe；第二個兒子是 2003 年 12 月 12 日出生的 Chris。Joe 於倫敦帝國學院讀物理；Chris 則於馬來西亞一所英語學校上課。他們會說廣東話、普通話和英語。在家時，Mahomed 和丈夫既說廣東話，也說英語。

事業

婚姻和孩子，並未阻止 Mahomed 追求她自己的事業；丈夫和兒子永遠都支持她 —— 應該狠狠地鼓勵潛在虎媽在家庭以外發揮她們的能量。

Mahomed 後來成為法國興業銀行（Societe Generale，簡稱「法興」）亞太區總法律主管、全球法律指導委員會成員。她在該銀行服務近 13 年。

她的任務甚具挑戰：她的職責從日本延伸至印度和菲律賓；她必須熟悉在這些國家做生意所涉及的法律體制和運作。「法興」當時正針對該地區開發衍生工具平台和產品。這是個很大的挑戰，因為在這些產品領域的相當一部分，該行是開拓者，小心在相關領域的監管環境中覓路前行，至關重要。

「我經常要飛。我絕少為了孩子休假。我丈夫對孩子們的照料就好得多 —— 特別是當他們年紀還小的時候。他是個很投入的父親，也是最佳丈夫 —— 他總是給我所需的自由，是完全無我、絕美的人。」

2010 年 6 月，她轉職到機構經紀和投資集團里昂證券（CLSA），

職務更上一層樓——擔任該行的集團總法律主管，從而有機會將其工作經驗拓展至亞洲以外，覆蓋英國、美國和歐洲；同時，她也是該行全球執行委員會的成員。因此，她的商務差旅日程更加磨人，行程遠至荷蘭、英國和美國。

Mahomed 在里昂證券的重要成就之一，就是代表里昂證券與中國國企中信集團（CITIC）圍繞將「里昂」的亞洲業務售予後者一案，進行談判，並最終達成交易；過程中涉及要取得 22 個國家監管部門的批准。

2014 年 6 月，Mahomed 成為盈科拓展集團（Pacific Century Group）業務發展執行總監。成立於 1993 年的「盈科拓展」，業務涉及電訊、媒體、物聯網解決方案、房地產開發、資產管理和保險。

這是最具挑戰性的任務，因為它不單要求具備法律技能，促成交易、解決難題，也需要財務上、商務上的敏銳度。她須處理監管、收購、財務、面對媒體等諸方面的事務。出於業務的需要，她須經常出公差，往返英國、歐洲和中東。

「你永遠不知道你會在哪裡。一團糟是平常事，但我從中成就了事業發展。我每一天都在離開自己的舒適區。」

其後，Mahomed 被「獵頭」到香港聯合交易所有限公司（The Stock Exchange of Hong Kong Limited，簡稱「聯交所」），在集團行政總裁李小加麾下工作。2017 年 2 月，她加入香港交易及結算所有限公司（Hong Kong Exchanges and Clearing Limited，簡稱「港交所」）[11]，

直接向李小加匯報工作，並成為集團管理委員會的一員。

Mahomed 在所有港交所的收購、戰略發展，以及金融科技（Fintech）的倡議中——包括滬港通、深港通、債券通、衍生工具（例如 MSCI 推出的一系列期貨合約）的開發等——均起關鍵作用。

Mahomed 在港交所任職近 4 年，直至 2020 年末。「我喜歡這工作。我很高興我完成任務。4 年間，我培養出有關買方、賣方、監管方和香港上市公司之間的互動的良好洞察力，讓我有機會透過我曾參與的項目，對香港的資本和金融市場的發展，作出貢獻。它也給我一個奇妙的機會，讓我能和獨具慧眼、想做便做到的李小加共事。」

當李小加（於 2020 年底）離開時，Mahomed 決定也離開，因為她想自立門戶，看看那將會是怎麼一回事。

2020 年末，Mahomed 創立自己的公司——C & TM Limited，圍繞收購合併、上市等方面，向企業及家族辦公室提供諮詢、管理，以及完成交易等服務——特別是在危機處境下提供上述服務。

她在網站說（意譯）：「透過我在全球範圍的廣泛人脈網絡（包括任職總法律顧問期間和羅德獎學金得獎者網絡），我可以幫助客戶找出並組織合適的顧問團隊，提供一個協調一致的、針對性強的執行方案。」

11　「聯交所」是香港交易及結算所全資附屬公司之一。

「我現在比之前更賣力工作。我是自己公司唯一的僱員。我採取的模式是：跟客戶、他們的團隊、他們的顧問並肩工作。」

為香港的未來憂心忡忡

Mahomed 關心香港的未來。「財富鴻溝越來越大，要有解決這問題的迫切感。社會和經濟失衡會影響香港的穩定。」

她又相信，要保持競爭力，香港必須歡迎具有放諸四海皆適用的技能和全球性經驗的人才。作為一個國際城市，香港必須維持其國際吸引力和競爭力。

5

信德族商人夏利莱家族成員

SHALINI
MAHTANI

Shalini Mahtani（有個中文名「馬夏邁」，下稱 Mahtani）是「小彬紀念基金會」（The Zubin Mahtani Gidumal Foundation）的創辦人，該基金會由她和丈夫 Ravi Gidumal 於 2014 年創立，以紀念夫妻倆的愛子 Zubin（下稱「小彬」）。小彬於 2009 年 5 月因醫療失誤而離世，離世時才 3 歲。基金會致力改善香港少數族裔的生存狀況。

根據 2016 年的中期人口統計，香港 734 萬人口中，約有 8%（約 58 萬 4 千人）屬非華裔血統，其中來自印尼和菲律賓的佔最大比重（約 34 萬 8 千人），她們大多在香港當家庭傭工；第二大族群（約 8 萬人）屬南亞人——他們來自印度、巴基斯坦、尼泊爾、孟加拉和斯里蘭卡等國。基金會的幫助對象，是這第二大類。

在一個保守的印度教家庭成長

Mahtani 1972 年 4 月在香港出生，家裡屬於一個說信德語的社群，信奉印度教；家裡做生意，思想卻守舊。母親是香港著名印度裔富商夏利萊（Hari Harilela）的兄長夏佐治（George Harilela）的女兒，也在香港出生、在英皇佐治五世學校（King George V School）唸書；父親則到五歲才來香港，入讀高主教書院（Raimondi College）。Mahtani 說：「對信德語族群來說，貿易是主要收入來源。我們很像猶太人：在全球各地都有寬廣的人脈網絡，都能適應；我們（也同樣地）失去了自己的鄉土。」

20 世紀中葉，在「印巴分治」（Partition of India）方案下，英國將整個印度信德省（Sindh）劃撥予巴基斯坦，造成大量印度教人口離開。[12]

Mahtani 一家選擇移居香港，把家安在港島東半山司徒拔道。她在英基學校協會（English Schools Foundation，簡稱 ESF）機構的學校上學。「我家是個思想守舊的家庭，認為女孩子最重要的，是要成為人家的賢妻，任何其他事務都是無關重要的，接受教育不是優先考慮。」她從小就被灌輸，一定要選信德族群的男子為夫婿。

「為擺脫我的困境，我希望接受教育，爭取上大學，好為自己譜寫將來。我從 13 歲到 18 歲拚命修讀我可以修的科目，學業成績由中等漸漸進步到優等。我下定決心不要走我堂姊妹、表姊妹的人生路——年紀輕輕就嫁人，成為男人的附屬品。她們看起來快樂，但我知道自己不能像她們那樣過活。我認為當時我們那個社群對女性的觀念不可接受。我覺得這樣的話，女人就像一件物品——先是由父親擁有，將來是丈夫。我到港島中學上學。當年，那是一所挺白人主義的學校，不重視（種族）多元；我們全都必須遵從盎格魯－撒克遜白人校風（White Anglo-Saxon Way）。我最要好的朋友大多是亞洲人和亞歐人。有一次上歷史課的時候（我記得當時我 13 歲），我答對了一條其他同學都答錯的問題，老師給的評語竟是：『或許你很聰明，但就像很多印度女孩一樣，你最終只會被（家裡）嫁出去。』他沒有鼓勵我，反而向我潑冷水。」

然而，Mahtani 的父母最後還是同意了她上大學，這要歸功於兩點：一、她自身的學業成績實在優秀；二、得到港島中學副校長

---

12 第二次世界大戰後，印度次大陸內部原有的種族、宗教矛盾急劇惡化，釀成無數血腥衝突。宗主國英國礙於客觀形勢，決定放棄在印度的殖民統治；但撤離前，於 1947 年推出「蒙巴頓方案」（Mountbatten Plan），又稱「印巴分治」方案，據此，誕生了一個信奉伊斯蘭教的新國家——巴基斯坦，正式脫離印度。回教、印度教勢不兩立，互有殺戮。原居於信德省、信奉印度教的人向毗鄰的印度其他省份遷移，也有乾脆離開印度次大陸的。

的鼓勵。副校長說，Mahtani 是他教過最聰明的學生之一。儘管如此，她父母只允許她到倫敦升學，因為那裡有信德族社群「好好照看」。父母也禁止她選修她屬意的法律，說那會令她變得更難纏、更好辯，而其實內心深處是擔心「印度男人不想娶太厲害的老婆」！妥協之下，她選擇了經濟學。

Mahtani 自出娘胎，第一次去家庭所來自的印度，是她 13 歲那年。那次是跟隨父母到孟買，參加她一位親戚的婚禮。「我們的航班半夜抵達，我們連夜趕到親戚家所在大廈，當我們踏出她住的樓層的電梯時，走廊一片漆黑。我踩著了甚麼，心裡很慌。爸媽叫我只管跟著他們的聲音走。」摸到了親戚家，亮了燈，她竟發現剛才是踩在人和他們的毛毯上！——親戚家的傭人就睡在走廊的地板上。「那簡直把我嚇壞了，久久不能釋懷。」隔天早上，那些女士穿上漂亮的衣服、戴上最好的珠寶首飾，到市內最有名的酒店出席婚禮。當汽車堵在車流中停下來時，車外的人敲打車窗；當中有一個女孩光著胸脯、抱著嬰兒餵奶。「我嘗試把車窗搖下，但他們叫我千萬別這樣做，因為怕車外的人蜂擁而上，把我們團團圍住。我不明白。」那次經驗，讓她決定探究她觀察到的收入懸殊、性別及社會不公現象。

Mahtani 在 1990 年入讀倫敦政治經濟學院（London School of Economics and Political Science，簡稱 LSE）。「我喜歡倫敦。我可以躲開家庭，過獨立生活、做自己的決定。我不想再回到香港。我在那邊的朋友好得很；我是學生會其中一個學社的會長。」她在 1993 年畢業。當時英國正處於（經濟）衰退，沒有英國護照的她不能留下。「於是我回來了，心情沉重。」她在羅兵咸永道會計師

2008 年，Mahtani 獲頒授 MBE 勳銜。（圖片提供：受訪者）

事務所找到工作，4 年後取得會計師資格。「我發現在那裡，就像在其他公司一樣，香港種族分隔現象非常普遍。公司合夥人有白人名額，他們晉升白人職員；又有一個華人名額，他們晉升華人職員。我被告知我將永遠不會成為合夥人，簡直是白癡！」因此，她轉職到法國巴黎銀行（Banque Nationale de Paris），在這裡遇上她的未來夫婿 Ravi Gidumal。

Ravi 也是一個在香港出生的印度信德人，比 Mahtani 大 5 歲，在港島中學唸書。波士頓大學畢業後，接管了他母親於 1962 年創辦的「Town House」——香港其中一家數一數二的、專營家居用品、餐具和配件的公司。2 個年輕人約會了 3 年，在 2000 年結婚。Mahtani 的夫家較她自己家庭要開通，她婆婆、丈夫的兩位女性親戚都上過大學；他有兩位親戚的婚姻對象都不是信德人（分別是一位英國男士和一位美國女士）。Ravi 的家人在 1949 年之前就已經從上海移居香港。

無國者的護照

在 1997 年政權交接之前，Mahtani 的夫婿 Ravi 為僑居香港、為數逾萬人的南亞裔人士辦了件大事——這些南亞裔人士由於在香港出生，因而並無印度或巴基斯坦護照，但同時由於他們不是華裔，也沒有資格在「九七」後申請香港特別行政區護照，結果將會成為無國籍人士。Ravi 和其他印度社群的年輕一輩攜手，策動向英國上下議院遊說，冀議員們協助解決他們的國籍問題。他們也聘請了專業政治遊說公司行事。他們的努力，得到末代港督彭定康（Chris Patten）的支持，後者的魅力和辯才，產生了正面效果——1997 年 2 月，倫敦公布給予陷於上述困境的香港南亞裔人士完整權利的英國護照。

婚後，Mahtani 希望在非政府組織（NGO）工作。「不少（這些機構）婉拒了我。在他們眼中，我唯一適合做的就是向外國人募捐，因為我不會說廣東話。他們不看我的技能，只看我的種族和顏色。」因此，她在 2003 年創立自己的 NGO 社商賢匯（Community

Mahtani（後排左二）與家人的合照，丈夫 Ravi Gidumal（後排左一）抱著兒子小彬。
（圖片提供：受訪者）

Business），致力推廣企業社會責任、多元和共融。「它很受跨國企業歡迎。我們用英國在這些問題上的標準，應用到亞洲來。」她發布有關恒生指數成分股公司和孟買證券交易所上市公司董事會女性成員的報告。她的 NGO 替亞洲跨國企業進行圍繞婦女多元發展、性小眾（LGBT+）、殘障和文化等領域的研究和培訓。她的事業為她帶來很多榮譽，包括獲亞洲協會（Asia Society）評為「Asia 21 Fellows, Class of 2007」（2007 屆亞洲協會（21 世紀）會士）；獲英女皇伊麗莎白二世頒授 MBE 勳銜（2008 年）；獲世界經濟論壇（World Economic Forum）選為「全球青年領袖」（Young Global Leader）之一（2009 年）。

痛失愛子

2009 年 5 月 29 日，星期五，Mahtani 正準備出發飛往印度，出席一個國際會議並在會上發言。她的 3 歲兒子小彬突然病倒，她火急把兒子送到醫院。2 天後，小彬因出現肺炎球菌腦膜炎引發的併發症，搶救無效病故。「他死於醫療疏忽。失子之痛，我無法形容。一天弄不清事情是怎麼發生的，一天我都不能釋懷——他此前身體沒有任何狀況。結束我兒子生命之前，沒有人徵求我同意。」悲劇迫使她停下工作。「我不知道那時候我幹了甚麼——除了活著以外。我的心死了一半——它隨小彬而去。」她整天與她那 18 個月大的女兒為伴。她通知社商賢匯董事會她的決定：董事會其他成員在她缺席的情況下，照常運作。2011 年，她和丈夫領養了一個男孩，他們視男孩為己出，是夫婦倆的第三個孩子。

小彬紀念基金會

小彬的離去，換來朋友們以捐款的方式表達哀思，到 2014 年，捐款已累積到港幣 30 到 40 萬元的規模。社商賢匯一位董事建議，以小彬的名義成立一個基金。「我告訴他我不管了，也沒心思去想錢怎麼用。我完全沒有打算再做些甚麼。」但她的朋友勸服了她向前看，踏出一步、做點事。於是，當年乃有小彬紀念基金會的成立，並由她出任首席執行官。「我希望能為無聲者發聲。小彬生命彌留之時，他不能發聲，沒有人施加援手。我見證了這事。我不想其他人受同樣的苦；我救不了自己的孩子，但或許我可以幫助其他人。我運用過去透過社商賢匯積累下來的商譽，以及建立起來的社會網絡，在改善香港被邊緣化的少數族裔的生活方面，做點貢獻。」

小彬紀念基金會會址。

Mahtani 對精神健康有切身的了解。「我不能像過去一樣運作，有時我身體會感到劇痛。我每周工作 3 天。當我工作的時候，我可以表現得不錯，但無法經常保持狀態。我需要時間充電。」

小彬紀念基金會的辦事處設於新界葵涌一座前身是工業大廈的樓房，聘有 11 名職員，包括 2 名來自社商賢匯的高層。

基金會的宗旨，是改善香港少數族裔的生活、減低他們的苦困，並為他們提供機會。它的工作包括向陷入危機的婦女和女童提供幫助；提供實習崗位、機會和獎學金；與（特別是有特殊需要的兒童的）父母們攜手照料孩子；提供香港唯一以印地語、烏爾都語（Urdu，即巴基斯坦的國語）和英語為少數族裔提供精神健康方面

「我運用過去透過『社商賢匯』
積累下來的商譽，以及
建立起來的社會網絡，
在改善香港被邊緣化的
少數族裔的生活方面，
做點貢獻。」

的輔導服務；提供緊急援助——例如新冠肺炎流行期間、火災過後的食物支援（基金會也曾為 2021 年 3 月發生、造成一人死亡、13 人受傷的油麻地火災災民提供援助）。基金會甚至供應女性生理期用品——「我們發現竟有 13% 的（少數族裔）女孩因沒有那些必需品而缺課。如果能向她們免費提供，就可以減輕她們的財務負擔。2020 年，我們為大約 1 萬 2 千人的生活帶來改變。我和丈夫未能拯救自己兒子的生命，但卻可以幫助減輕別人的困苦。」

改變公共政策

Mahtani 在香港公共政策方面積極發聲。說到以前行政長官林鄭月娥為首的特區政府，她認為政府為少數族裔所做的，比此前任何一屆都多。林鄭在 2017 年競選行政長官時，其競選宣言中曾有一整段講述種族共融。她就是在當時邀請 Mahtani 就這方面擔任政策顧問的。

「我們在 2016 年編製並向社會提供了多元參與清單（Diversity List），名單列出獲香港特區政府邀請加入民政事務局局長轄下各個諮詢及法定組織（Advisory and Statutory Bodies，簡稱 ASB）的少數族裔人士。2016 到 2020 年間，我們舉薦了超過 130 人，其中 25% 進入了 ASB。這是個可觀的百分比，讓人看到了那直接的影響。我們向政府提出的理據很簡單：除非把少數族裔納入政府的諮詢組織和法定組織，否則政府不可能了解這些族裔的看法，從而針對性地解決他們的貧困問題。」基於此，以及其他政策建議和落實，還有更多關於少數族裔的討論，並撥備一定的預算，以改善他們的境況。

左起：Mahtani 的母親、祖母、Mahtani 及領養的孩子、女兒。（圖片提供：受訪者）

「可是，前路漫漫啊──每 4 個少數族裔人士就有一個活在貧困之中；每 3 個就有一個是兒童。新冠肺炎對他們來說，是一種挫折：（受疫情影響）餐飲、機場、建築等行業的失業率高企；這也加深了周邊社群對他們的負面印象。」

Mahtani 說，她深深感謝她的另外 2 個孩子──今年 14 歲的女兒和 10 歲的兒子。她信奉的印度教給予她力量。「我相信死後的生命。我的宗教幫助我明白生命的目的，是自我改善、從一己的經驗中學習。但沒有任何事、任何物可以帶走因為小彬的死而造成的傷心和損失。」

6

澳洲人創辦的民間組織接棒人

DAVID
BEGBIE

2002 年，非洲國家喀麥隆一所學校接收了香港一個慈善機構打包捐贈的整所圖書館。在舉行接收儀式時，受贈學校上下（包括自校長以下的所有人）雀躍歡呼。

這是國際十字路會（Crossroads Foundation，下稱「十字路會」）每年數以千計捐贈項目的其中一項。該非牟利組織由 Begbie 家族於 1995 年創立。組織所提供的服務，是收集人們不再需要的物資，然後分贈予需要那些物資的人。

在 2019 至 2020 年度裡，十字路會共送出價值達港幣 1.178 億元的物資，其中一半贈予香港的個人和團體、一半分發往世界各地共 53 個國家，受惠人數共達 925,339 人。

十字路會的創辦人是畢馬勤（Malcolm Begbie）和他太太畢慰恩（Sally Begbie），二人也是該會的創會總監，而目前的總監是 Malcolm 夫婦 2 個兒子之一的 David Begbie。自十字路會創辦之始，David 便參與了該會的工作。像他父母一樣，David 和他自己的小家庭都住在十字路會設於屯門掃管笏（前英國駐港啹喀兵「Gurkhas」軍營營址）的總部裡。該營址佔地 8 英畝，營內建築物大多放滿將分發出去的捐贈物資。

在北京學做「麥當勞巨無霸」

David Begbie 1975 年 9 月 26 日在澳洲悉尼（Sydney）一家醫院出生，父親是一名持牌會計師、母親從事公共關係工作。David 在一個人道救援服務的環境長大，3 歲時一家遷居菲律賓，在那裡一住便是

7 年。父母把日間職業和慈善事業（以亞洲各國和前東歐陣營國家人民為服務對象）兩者結合起來。

1986 年，舉家再遷居香港，把家安在大嶼山銀礦灣。搬到一個租金較低廉的地方，為的是要開展一盤進出口小生意，以其開拓財源，持續支撐慈善工作。

David 和弟弟在香港國際學校（Hong Kong International School）上學。「積善之家」，果「有餘慶」——由於兩兄弟來自行善家庭，學校因此收取兄弟倆特惠學費。David 用功學普通話，但無甚進展。老師很不滿意，提出他應該到一個他可以完全沉浸其中的普通話環境。於是，1993 年夏天他決定冒險一試。

他利用暑假 6 個星期的時間，跑到北京，在全中國最大、北京的首家麥當勞店，學做巨無霸漢堡包。那家店日均顧客量約為 1.8 萬人，周末平均為 2.6 萬人。「沒有人跟我說英語。2 個禮拜之後，我以前學過的所有詞語突然間都回來了，而且各歸其位。我回到香港之後，我的老師大吃一驚。」

與此同時，他父母的生意不見起色。到 1992 年，家裡的銀行賬戶只剩美金 10 元。他們開始找尋能繼續支持慈善事業辦下去的其他模式。

1995 年 7 月發生在中國東北遼寧省的一場百年不遇的水災，嚴重影響 200 萬人的正常生活，數以萬計百姓急需衣服。山窮水盡疑無路，柳暗花明又一村：不期而至的天災，神奇地改變了 Begbie 家

今後的人生路。

有人向素來熱心慈善工作的 Begbie 夫婦求援，於是 Begbie 家著手募集衣物，開始時募得 19 箱，然後是 72 箱，再後是 136 箱。內地國營航空公司的飛機把收集得來的衣物運往遼寧，運費分文不取。救災物資塞滿了 Begbie 夫婦的臥室，然後塞滿了當時正空置著的香港澳洲國際學校教室。

當情況發展至需要一個永久的儲存空間時，社會福利署建議他們以非政府組織（下稱「NGO」）性質註冊；社署初期又撥出九龍南部衛理道前英軍醫院舊址的 6 個房間，供其運作——十字路會由此誕生。David 說：「不到 3 個月，存放到這裡來的物資超過 10 噸。當時我們阻止不了它開始，現在我們阻止不了它擴展！」

加入？不加入？

David Begbie 的童年，是服務社會的童年。他知道自己希望在亞洲服務，但尚無頭緒將透過甚麼途徑。他在美國俄亥俄州威騰堡大學（Wittenberg University）唸本科期間，選修了東亞研究，包括 3 年校內課程以及一年交換生體驗——地點為內地東北城市、天寒地凍的哈爾濱。

大學畢業後，David 回到十字路會，開展為期 2 年的工作體驗——他父母當然希望兒子能與自己共事，但很清楚那決定必須由兒子親自作出。「他們三番四次忍不住要開口問，但最後總是把已到嘴邊的話嚥回去。」David 說。

上｜David 1983 年在南斯拉夫。（圖片提供：受訪者）

下｜Begbie 家庭在香港的合照，攝於 1993 年。（圖片提供：受訪者）

然而，就在這個時間點，David 出差到巴爾幹半島國家馬其頓（Macedonia）和波黑（Bosnia and Herzegovina），評估十字路會物資捐贈的成效。「我看到那些物資為孤兒和其他戰爭受害者所帶來的鼓勵、希望和實際幫助。這一切都是我一直想做到的。」David 說。「回到香港後——我還記得那一刻——我站在辦公室的複印機旁，冷不丁地向父母迸出一句話：『這正是我想為它幹一輩子的事業。』家母（聽後激動得）哭了。」

為能更好地在十字路會發揮，David 到美國弗吉尼亞州瑞金大學商業及領袖學院（School of Business and Leadership, Regent University）修讀領袖研究碩士課程。

商業模型

為甚麼十字路會能在香港健康發展？有好幾個原因：香港有相當財力、是環球航運中心、沒有用二手貨的文化。

「怡東酒店（The Excelsior, Hong Kong）結業時，他們給我們來電話，說我們可以拿走任何我們需要的東西；又有一家銀行來電話，說他們的寫字樓正要搬遷，邀請我們把 10 個樓層的家具全部清走。」David 說。就這樣，十字路會曾被邀請接收一座酒店的側翼，以及整座銀行大廈的全部物資。David 補充說：「香港是一座不缺資源，但卻沒有二手貨市場或文化的城市。」

另一個因素，是這個城市的居民平均財富達到相當水平，且不乏願意捐出他們不再需要的物資的人——香港是個移民城市，不斷有

人新來，又不斷有人離開。

由於香港是個環球航運中心，故它也是世界物資南來北往、東運西送的理想中轉站。「當我們尋求（貨運艙）空間時，船公司向我們收取的，經常是優惠運費，例如某公司每年免收我們 10 個集裝箱的運費。」

由於（除了在英國有一個規模很小的辦事處外）十字路會基本上沒有海外員工，該會遂與各國熟知當地語言和文化的團體合作，負責安排物資的調度。David 深有體會：「『不是穿鞋人，不知鞋擠腳』，有了這些夥伴，捐贈的物資更豐富、物資的調度更合理。」

David 相信：「世界不單可以，而且必須作出比目前更大力度的回應……正是通過這些合作，才帶來了轉型的喜樂。想像一下某對夫婦接收了足夠的物資，可以在他們村裡辦一所學校；或者當全新的高質冬衣送到正忍受攝氏零下 30 度寒冬的人手裡；又或者來自某家五星級飯店的家具配置到新建的戒毒中心等等，所帶來的是何等的衝擊。就連裝載物資的集裝箱本身也派上用場——有一個現在化身做難民營裡頭的診所。」

十字路會收集到的物資，有一半會送到本地 NGO 和社會福利系統受助家庭手中，其餘的都分發到全球超過 100 個國家。

十字路會在 2019 至 2020 年度財報中顯示的收入達 1,441.6 萬元（港元，下同），支出則為 1,474.5 萬元；在所有捐贈中，有 488.7 萬元來自個人、415.9 萬元來自各基金和慈善團體、272.8 萬元來自香港

賽馬會、188 萬元來自商業機構、544,643 元來自教育界、214,070 元來自政府新冠肺炎援助專款。行政成本僅佔全部開支的 3.6%。

設身處地，走一里路，感同身受

2005 年，十字路會慶祝該會成立 10 周年。會方並無足夠財力，可以仿效本地社團的傳統，在高檔酒店舉行慶祝晚宴，於是他們決定邀請 15 位各機構的首席執行官（下稱 CEO）到該會的屯門總部，拿掉他們的錢包、手機等隨身物品，把槌子、釘、磚頭分發給他們，要他們搭建一間寮屋，然後在當天餘下的時間裡，躺睡地上、徒手用餐、做一些地球上其他地方有些人一輩子都在做的事。

「要說服他們照做，並不容易，所以我挑我們的朋友配合。（事後）15 位 CEO 說那體驗太深刻了。」David 回憶說。「（後來）其中一位告訴我，他一生中有 3 件最強力觸動他的事：結婚、兒子出生，以及這次的體驗。」

那次的實驗一夜爆紅，廣被傳頌。CEO 們要求十字路會為他們的員工組織同樣的活動，大學、中學也不甘後人。很快，體驗的主題便擴展至一系列的全球議題。聯合國主動來接觸，看十字路會能否把這獨特的「難民體驗」，帶到每年 1 月在瑞士達沃斯市（Davos）舉行的世界經濟論壇（每年有約 3,000 位全球最具影響力的人物雲集此論壇）。聯合國告訴他們：「我們沒法把所有這些世界領袖匯聚一起，向他們展示各地難民營裡的真實情況，但至少這是把信息帶給他們的一個途徑。」

「看到人們在注入正能量
之後，體認到自己的生命
可以帶來改變，
是我們莫大的喜悅。」

David 介紹說：「我們建了一座『難民營』，四周都圍上鐵絲網，又布置了多支仿真槍。我們準備了一套 90 分鐘的活動流程。開始的時候，我們還怕沒有人會來。我給理查德‧布蘭森爵士（Sir Richard Branson）[13] 發了邀請電郵，他隔天就回覆，說他想來。接著，很多其他人也來。」

「世界上還有哪裡可以讓你在單一地方撬動經濟轉變，並傳播『愛心』這信息？來參加的人包括時任聯合國秘書長的潘基文，一些國家元首，還有 10 多年以來數以千計的其他領袖級人物。」David 說。

David 又說：「這種體驗之所以強而有力，主要因為項目不是由演員設計、扮演，而是由難民們和人道救援人員親自演繹。比方說，我們其中一個角色，正是來自烏干達的一位曾經的童兵。他挺身而出，分享一次武裝部隊包圍他就讀的學校，徵召他和其他同學當兵的經歷。軍人說，如果他們不參加，他們隔天會再來，殺掉他們的老師，強迫學生吃掉老師的肉。」

但 David 不忘強調：「活動的目標並不是要嚇唬或者讓人敬畏，而是滿懷希望的行動——有些參加過活動的朋友決定付諸實踐：或創立自己的 NGO，或興辦學校，或從事志願服務、為難民提供所需資源，又或者重整他們的供應鏈，以改善受助者的生活。」

到了今天，十字路會提供的活動，涵蓋不同的課題，均甚受歡迎。

---

13 英國超級富豪、維珍航空創辦人，擁有龐大商業帝國；曾有多項私人創舉，包括坐旗下維珍銀河太空船到地球與太空交界處一遊。

2009 年在瑞士達沃斯市舉行的世界經濟論壇，時任聯合國秘書長潘基文（中）等領袖級人物也來參與「難民體驗」活動。（圖片提供：受訪者）

自 2005 年以來，參加過「難民體驗」以及其後衍生出來的種種體驗活動的，超過 20 萬人。David 說：「看到人們在注入正能量之後，體驗到自己的生命可以帶來改變，是我們莫大的喜悅。」

全球伸出援手，支援「環球工藝村」

在原有的實體貨倉之外，十字路會於 2001 年創辦了一座虛擬貨倉，網址為 www.globalhand.org。手頭上有優質物品、可提供優質服務的人，無論身處世界任何角落，都可以在任何時間透過該網址告知這個平台。接收方是十字路會分布於歐洲、非洲、東南亞、中亞和南北美洲的 NGO 網絡。

此外，十字路會也為聯合國建立了在線配對平台，好讓他們與商界企業進行互動。

十字路會於 2005 年創辦了一個透過踐行公平貿易，推動公平貿易理念的網店——環球工藝村（Global Handicrafts）。該店根據公平貿易原則，從香港及世界各地採購商品，確保所支付的價格均能令工匠和生產者得到公平的收入，以解決他們生活所需。購買者可親往該會位於屯門總部的門店，選購來自亞洲、非洲、歐洲、南美、中亞和中東的各類物品，也可以到網店選購。

志願服務模式

自 1995 年起，十字路會便一直維持其志願服務模式——所有全職員工都是無薪的。目前，該會有來自 20 個國家的全職員工 55 名，其中有些是間隔年學生（Gap Year Students）[14]，有些是退休人士。他們都選擇善用各自的專長為有需要的人服務。服務年資超過 10 年的志願者，大不乏人（甚至有超過 20 年的）。

此外，每年約有 6,000 名來自社區的人士提供逐日安排的義工服務。「有人說，養大一個孩子，要動員整個村子的人。這裡感覺就像一條村子。」David 說。他又透露：「我就是在這裡和我太太初遇的。」

David 表示，有時候無法招聘到有能之士，是個難題。「人們志願

---

14 完成一個階段的學習、繼續升學或投入社會工作前，給自己一年時間出外遊歷或以其他方式體驗生活的學生。

十字路會在屯門舊軍營的倉庫。

服務，我們善用他們的強項。我們樂意招徠更多人手。我們的志願服務模式的好處，是募得的捐款能走得更遠：（對應）我們每收到的 1 美元捐款，我們就能分發價值 9 美元的物資——如果送到海外的話；而如果就在香港分發，其價值是 28 美元。

「來的人所簽的是開放式合約——他們來去自由，不會被合約綁住。綁住他們的不是錢，而是他們為有需要的人所開展的服務。」

3 個月滾動租約

自 2004 年將總部遷往屯門舊軍營以來，十字路會大部分時間都和政府簽訂 3 個月滾動租約。David 和他的小家庭、父母和全體全職員工都住在那裡。David 打趣說：「這是以舊軍營作總部的其中一個優點——從一開始就是營房形態的居所。」

2015 年 8 月，香港政府城市規劃委員會尋求收回整塊營地，作興建住宅樓宇的用途。經談判，十字路會獲准留在原來地塊東側的一半（西側則劃作豪宅用地）。

當英軍離開香港時，把多塊軍事用地交還政府，後者移交予解放軍。前述掃管笏啹喀兵軍營則移交香港警隊，但警隊用不了整塊地，於是地塊分成幾個部分，分配予不同機構。

「雖然我們必須放棄一些土地，讓路給住宅項目，但政府很支持我們，答應補足我們所失去的——如果有需要的話。要是沒有政府大方給我們撥地，我們根本辦不成這一切。」David 感恩地說。

2007 年，David 獲頒香港紅十字會「香港人道年獎」（Hong Kong Humanity Award）。獲獎理由：奉獻自己，「為無聲者發聲」。

7

巴基斯坦裔IT鬼才胸懷世界

ALI SHAMAZ

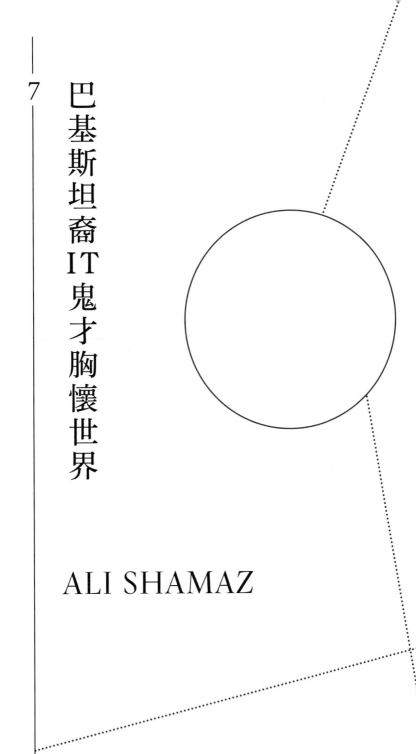

一個 22 歲的香港科技大學（「科大」）工學院學生有一個覆蓋全球的雄心：「我希望創造世界上最大的數碼家課作業平台。」

Ali Shamaz（下稱 Shamaz）是 Fan{task}tic 的共同創辦人、設計師。那是一款他在 2021 年秋季在香港地區的學校推出的產品。Shamaz 的目標，是籌集得 100 萬美元的風險資金，首先在香港地區的學校推出，然後是台灣地區，以至英國、美國等。

我的母語是廣東話

Shamaz 生於 1999 年 6 月 8 日，是一對於 1997 年在香港定居的巴基斯坦夫婦 4 個兒子中的老大。「之前，家父在韓國一家牛仔褲廠打了 3 年的工，然後他和家母來到這裡，他們下定決心要幹些甚麼。他其中一個弟弟也住香港——弟弟有 8 個孩子。」

Shamaz 的爸爸以替人洗車賺取每月港幣 1.4 萬元的收入。「他的廣東話很爛，所以找不到好一點的工作。」Shamaz 一家享有社會福利，他們租住唐樓一個單位，直到 2015 年獲分配九龍黃大仙區慈雲山一個公屋單位。

父母之間用烏爾都語溝通，「但我的母語是我從小在幼兒園就學的廣東話。」Shamaz 解釋說。「那裡有 30 個學生，其中有 5 個屬於少數族裔，其餘的都是香港人。我能說烏爾都語，但聽不全懂爸媽所說的每一句話。」

他所就讀的官立小學也有相似的少數族裔比例。「我的同學們拿我

的外貌開玩笑，但不是很過分。我很享受在那裡上學，特別是藝術課、音樂課、踢足球和打羽毛球。我不喜歡傳統的課堂。」他學彈吉他、打鼓、彈鋼琴。

Shamaz 是一個虔誠的穆斯林——過去是，現在仍然是。「直到 6 年前，我每個星期 5 天，每天下午 4 點到 6 點會去清真寺。我讀阿拉伯文版《可蘭經》，能背誦當中大概 5% 的內容。我不吃豬肉、不抽煙、不喝酒精飲料。我每天祈禱 2 次。我會在齋戒月戒食——但我今年辦不到，因為我工作太勞累，必須進食來吸收能量。」

成為醫生

小學畢業後，Shamaz 升讀位於九龍太子區的一所官立中文中學。他的學業成績名列前茅。他最喜歡上的課是數學、物理和體育。「數學科用英文授課，因此，我有機會改進我的語言能力。」

Shamaz 媽媽希望他長大後當醫生。「她是典型的少數族裔父母。他們希望自己的子女能成為律師、工程師或者醫生。這些專業收入高、有地位，父母會覺得自豪。但我最討厭看見血。我想成為建築師。」

巴基斯坦社群之間關係很密切。Shamaz 一家經常出席位於九龍公主道的巴基斯坦聯誼會（Pakistan Club）的活動。他們也探訪社群的其他家庭。

「最初，我父母想把我介紹給來自巴基斯坦的一位表親做對象。20年前，這種做法還很通行。（香港政府）入境處會向與本地人結婚

的人發出簽證。但現在社會開通多了，我父母現在不提這個了。」

未來太太必須是穆斯林嗎？「通常是。但你不能強迫別人改變信仰。這種事一定要她自己選擇。」

贏得冠軍

Shamaz 的目標，是到香港中文大學讀建築。他在香港中學文憑考試取得 28 分的好成績，其中數學、物理和化學考獲最高等級的「5**」。「但我的中文科只得 3 分：栽在這門課了。」

「但是，我過不了中大的面試關 —— 我沒有足夠的建築學知識。」結果，科大工學院收了他。

「我沒怎麼用功。我覺得上課很悶、很傳統。」Shamaz 於 2017 年參加一個初創競賽；很少人會參加這種比賽。他無心本身的課業，有 3 科成績不及格；但他咬緊牙關努力一把，還是通過了考試，留得住大學學籍。

2018 年，Shamaz 參加了阿里巴巴舉辦、名為「2018 香港 B2B 電商青年節」的比賽，並奪得冠軍。

2019 年，Shamaz 申請停學一年，獲校方批准。在香港，那是動盪的一年；這一年，他母親因心臟病發離世；也是在這一年，他和 3 位來自中大的朋友成立初創企業「Phoennovation」。公司頭一炮就是推出名為「Suit Up!」的智能服飾推薦平台，運用人工智能（AI）

為男士提供服飾配搭建議。「你輸入自己的體重、體型和其他數據，平台會為你挑選適合你的服飾。」

香港科技園公司 2019 年推出一個面向準創業家的前期培育計劃——科技企業家計劃（STEP），目的是發掘並培養更多未來科技企業家。Shamaz 成功爭取計劃提供的一筆港幣 10 萬元的資助款。

Fan{task}tic

Suit Up! 之後，團隊的精力轉移到面向學校的新項目——Fan{task}tic，Shamaz 是 4 位創辦人之一，在項目中佔股 75%（他是項目設計的總負責人），另一位（首席技術官）則持有 25% 的股份；3 位中大學生協助產品開發工作。此外，他們又還向 9 位科大生提供實習崗位（薪津由科大支付）。

「我們的目標，是打造全球最大的數碼功課作業管理平台。使用該平台的教師向每名學生發出一套獨一無二的作業，方便教師收集、批改，並給予反饋。平台可以節省老師編製作業，以及為作業打分、評級的時間。

作業的編製可以由機器代勞，由老師來做沒有意義。我們的程式可以騰出教師的時間和精力，用在他們應該用的地方。」

Fan{task}tic 的定價是：每位學生每年收取港幣 240 元（和一本教科書的售價相若）。他們自 2021 年 9 月開始推出，專門針對英國會考課程的中等教育普通證書（General Certificate of Secondary

LI SHAMAZ

Founder of
Fan{task}tic &
Phoennovation

（圖片提供：Fan{task}tic）

「Fan{task}tic 結合人工智能術，
能針對每位學生的能力，
度身訂做功課及試題。」

Education，簡稱 GCSE）數學、化學、物理科考試，目標是到了 2022 年覆蓋全港學校數目的一半，然後拓展到台灣地區，以至美國和英國等。

為實現這些雄心勃勃的計劃，他需要 100 萬美元。「在美國，這種資助很正常，但在香港就很難。我要和風險投資基金公司和天使基金談。」

替香港打分

Shamaz 會怎樣評價香港地區作為初創企業的孕育地？「論步伐和效率，這裡相當好，人們工作很勤快。但政府投入初創資金，眼光盯著項目，而不在人。它太保守。它應該把資金投在對自己所做的充滿熱誠的人，像台灣地區的做法。我計劃明年到那裡申請。初創，就蘊含風險、不確定性和通宵開夜車。你一定要相信你自己、相信你所做的。」

最初，Shamaz 的父母反對他的 IT 事業。但當他贏得阿里巴巴的比賽、贏得獎金，父母開始支持他。

迄今為止，他到過巴基斯坦 3 次，去探親。「我不能在那裡住下。那裡太平靜，沒事好幹。你只能留在家裡。家父退休之後，會留在這裡，不會回巴基斯坦。我想到別的國家體驗一下，但香港仍然會是我的家。」

Shamaz 的弟弟們沒他那麼「學術」。「我給他們的忠告是：做他們喜歡的，多接觸些人。沒有人知道 10 年之後這個世界會變成甚麼樣子。很多工種會被取代。」

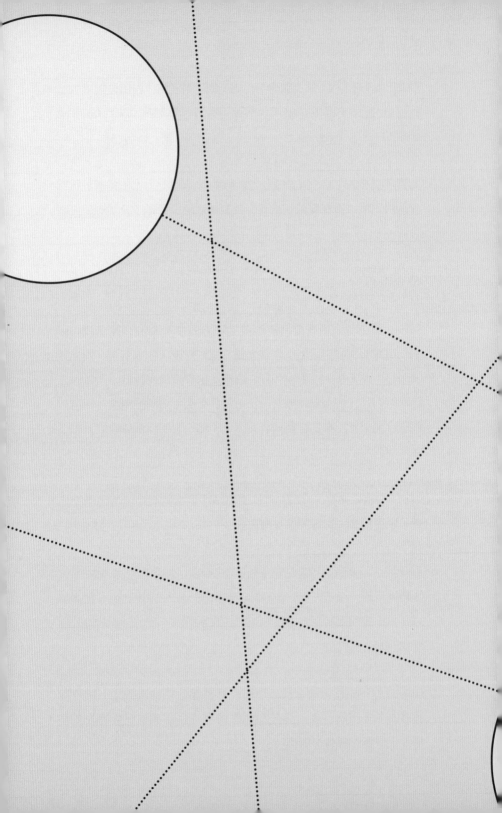

尋找工作及學習機會

Chapter. 2
SEEKING JOB AND
LEARNING
OPPORTUNITIES

8

日本人在港經營柔道館55載

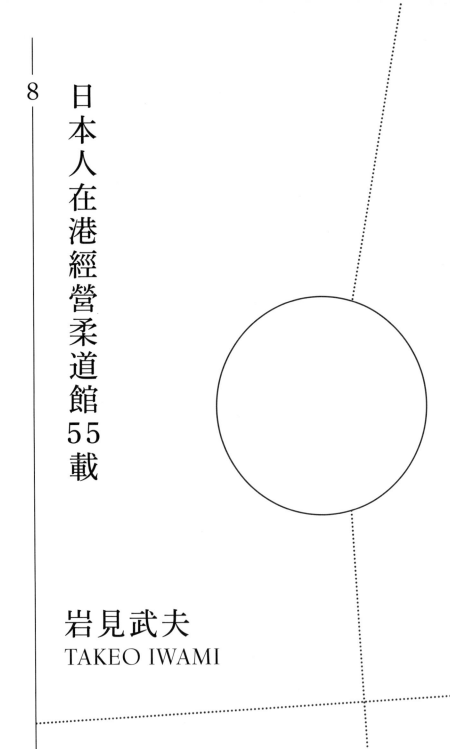

岩見武夫
TAKEO IWAMI

本篇傳記的主人公——岩見武夫——於今年初（2022 年 1 月 28 日，距他接受本書採訪之時不遠）在香港離世，享年 85 歲。學生們紛紛對老師表達哀思，均認為岩見老師是一位出眾的柔道教練。本書全人謹此向岩見先生深深致意。

日本人岩見武夫（Takeo Iwami，下稱「岩見」）於 1966 年移居香港，開辦香港首家由日本人經營的柔道館，自此，道場運營逾 55 年。其道場最新近的館址位於港島銅鑼灣區崇光百貨所在大廈。

柔道館有約 100 名學生，其中一半是法國人，其餘的分別是日本人、香港華人和白種人。岩見在一次接受採訪時說：「柔道的價值，在於它向任何年齡的任何人所灌輸的東西：它關乎紀律、尊重和尊嚴。」他年雖已逾 80，卻仍然是一位活躍的教練。

2008 年，日本天皇向他頒授「旭日雙光章」，以表揚他透過柔道，促進香港與日本關係的貢獻。

岩見本可輕易成為日本國會議員，甚至晉身日本政府內閣，成為閣員。畢業於精英學府早稻田大學（Waseda University）的他，曾擔任中曾根康弘的私人秘書 8 年（後者於 1982 至 1987 年間出任日本內閣總理大臣，即首相）。轉折點在 1962 年出現。

當年夏天，岩見是乘坐世界青年的船號輪訪問亞洲各大港口城市的數以百計學生中的一個。來到香港時，他們下榻尖沙咀梳士巴利道基督教青年會（YMCA，其時港人通稱「西青會」）的旅館。岩見

參觀了香港的柔道館，那裡的教練是一位體型高大的英籍警察督察，岩見向教練提出彼此「切磋」一個回合，結果，這個矮小的日本人把督察摔倒在地上，看得旁觀者瞠目結舌。

這次經歷，令他萌生把自己熱愛的柔道帶來香港的念頭；4 年之後，念頭終化為事實。

總是又冷又餓

岩見 1937 年 2 月 26 日在日本仙台市（本州北部最大城市、宮城縣縣府）出生。他父親是國營鐵路公司一名工程師，岩見家有 5 個孩子，全家住在公司提供的宿舍。由於日本政府認為岩見父親的工作對國家推行戰爭具重要意義，故無須他服兵役。

仙台是一個工業重鎮，因而也是美國軍機轟炸的目標之一，因此岩見父親安排家人搬到仙台以北不遠的一關市（屬鄰接宮城縣的岩手縣），那裡至少可免受轟炸之苦。

「生活非常艱難。我總是餓著肚子。1945 年 8 月 15 日，我聽著收音機廣播裕仁天皇親自宣讀『終戰詔書』。那天天氣十分炎熱。他的意思我聽得懂。在郊區，我們不用跑到防空掩體。我們一家在這場戰爭中活了下來，但很多人死了——有的人是在掩體裡死的。我們都失去朋友和親人。」

戰後，鄉郊地區的復原較城市快。岩見可以恢復上課，學校裡有教科書、一座鋼琴、一架風琴和其他樂器。他說：「我有很好的教

年輕的岩見打工賺錢，幫補家計。（圖片提拱：受訪者）

育──儘管又冷又餓、衣衫不足。我最喜歡的學科，是文學和社會學；我最討厭數學。」

岩見高中時首次學習柔道，教練是一位警察。他展示了一幅他和另外 4 位和他一起練柔道的同學的照片（都穿著黑色的校服）。從他們臉上的表情，看不出來一個被打敗的民族。

岩見 1955 年高中畢業後，當了兩年「浪人」[15]。到第三次攻關時，終於成功通過早稻田大學入學試，報讀商科。為改善自己的英文水平，他翻開了海明威（Ernest Hemingway）的《老人與海》（*The Old Man and the Sea*）。

為在財務上支持自己的學業，岩見在日本其中一家最大的建築公司大成建設株式會社找到一份夜班保安的工作。他上班的工地，是東京新地鐵線的其中一個工段。「我的教授們十分仁慈，他們容許我在課上打瞌睡。」

在「早稻田」，他熱衷體育，尤其是田徑和摔跤，曾取得日本全國摔跤冠軍，也是國家摔跤隊成員；他曾到美國遊歷。學業上，他不是一個模範生。

在工地值班的一個晚上所發生的事，改變了岩見的一生。在一次午夜巡邏時，他遇到了幾個在附近新宿區酒吧喝酒的美國人，並開始和他們攀談起來。其中一位美國人，是當時全球其中一家最大的航

---

15 日本歷史上「浪人」曾有多種意思，這裡用以指稱那些未能考進大學的高中畢業生。

空公司泛美航空（Pan Am）的一名高層，叫 Edwin Hewitt。Hewitt 知道他是早稻田的學生後，便邀請他到自己家中作客。

正是在那新相識的美國人家中，岩見初次認識日本 3 任首相中曾根康弘（後者是 Hewitt 在日本的擔保人）。自此，岩見和中曾根成為朋友，岩見後來甚至成為後者的兼職私人秘書，一做就是 8 年。

傳道：傳柔道之道

岩見決定來香港弘揚柔道，是 1966 年的事。他說服了大成建設以本地人的僱傭條件，聘請他擔任土木工程師。

「中曾根先生祝福我。我說，香港很近，而且作為亞洲貿易及金融中心，它是一座非常重要的城市。這對它和日本在商務上的交往，以及增進兩地民眾的關係，都有好處。中曾根先生送我 2 套西裝。我們和他的家人保持著密切的關係，當我們回日本時，會到他家探訪。」前述 2008 年岩見武夫獲頒旭日雙光章，代表日皇頒發勳章的，正是中曾根康弘之子、時任日本外相的中曾根弘文。

岩見在九龍太子區創辦第一家柔道道場（月租港幣 60 元）。對香港來說，柔道是新鮮事物，1940 年才出現第一個柔道班，主要面向外國人；1960 年，一位叫馮毅的中國人連同幾位外國人在西青會舉辦柔道課程；1964 年，管福祥創辦遠東柔道會；同年，蔡德培在南華體育會創立柔道部。據中國香港柔道總會的官網介紹，「1966 年岩見武夫先生在港設立香港柔道館，此為日本人在港設館教授柔道之始」。香港柔道總會於 1970 年始創。

對岩見來說，辦道場從來都是甘之如飴的勞役。學生當然要繳學費，但收來的學費總是不足以支付場租、電費水費及其他開支。他視向外國（特別是一個離日本那麼近的國家）傳播他鍾愛的柔道為他的使命。他總是以他自己的收入，補貼道場的虧損。

岩見第一位女學生，是一位引人注目的香港女士 Amy。她來自一個正準備移民美國的富有家庭。家人認為到這個新家園前，她必須學會保護自己。

Amy 的父親是一位土木工程師，和岩見是同行。Amy 父親邀請岩見到他家作客，又把自己的 5 個孩子介紹給岩見認識。岩見和 Amy 很快就墮入愛河，並於 1976 年結婚。

Amy 的家人移居美國加州，發展得很好。孩子們不是醫生就是牙醫，只有 Amy 留在香港，其中一個原因，是生於二次世界大戰亂局的她，沒有美國移民局要求的出生證明和其他文件。

一個更羅曼蒂克的原因是，為與愛侶雙宿雙棲，她寧願放棄加州的陽光和那裡綿延的沙灘。Amy 自己後來取得黑帶，並協助運營柔道館。夫妻倆育有一個兒子——岩見龍馬（Takeo Ryuma，下稱「龍馬」）。

學習日語

1981 到 1986 年間，岩見回到日本。他獲一家建築公司聘用，工資不俗。回國的目的之一，是讓兒子龍馬在那邊上學、學好當地的語言。龍馬也說廣東話和英語；後來他入讀美國加州南部橘郡

2008 年，日本天皇向岩見頒授的「旭日雙光章」。（圖片提供：受訪者）

（Orange）的查普曼大學（Chapman University）。

在他們離開香港期間，柔道館的同事繼續經營道場。岩見一家
1986 年返港後，用了不到港幣 300 萬元，在港島東半山大坑道買
下了一處房產（今天房價已漲到 10 倍於當年的買入價）。

替岩見物色上述房產的，是他其中一位柔道學生、英國人 Ronald
James Blake（官方中文名：詹伯樂）。本身也是一位土木工程師的
Blake 於 1965 年到香港定居，曾參與過香港許多標誌性的工程項
目，包括香港首條過海隧道和地下鐵路；後於 1991 到 1995 年間擔
任港英政府工務司 [16]，是他把房產經紀介紹給岩見的。

---

16 即工務部門首長。

岩見與學員合照。（圖片提拱：受訪者）

1986 年，岩見把柔道館搬到不少日本公司所在、日本人聚居的銅鑼灣區。1984 年，他創立保安及物業管理公司東洋警備（香港）有限公司（Toyo Security & Building Management Company Limited，寫字樓設於銅鑼灣東角中心 12 樓）。岩見自任公司主席，由兒子龍馬擔任經理。

東角中心即崇光百貨所在大廈，「東洋」贏得該大廈保安及物管的合約。岩見是香港少數獲發持有槍支許可證的人之一，他把槍鎖在辦公室的保險櫃。柔道館設於大廈同層、走廊對面。

岩見一家 3 口（夫婦倆和兒子）都精於柔道、都在道場任教，太太

Amy 是黑帶。過去 45 年，柔道就是他們家的事業。

岩見從沒想過要回到日本去。他說：「我的家人、朋友和道場都在這裡。公司的職員都忠心耿耿的，我們緊密共事。」

性格、禮儀、舉止

岩見的道場有 160 平方米。牆上掛了日本柔道創始人嘉納治五郎的照片。嘉納治五郎於 1882 年（他 22 歲那年）創立了柔道；後於 1900 年為柔道比賽制定了評判的原則和規例。

嘉納治五郎說：「透過鍛煉柔道技巧，練習者可以培養他的體能和意志力，慢慢體現出柔道之道——良好的性格、正確的禮儀和舉止、自制的能力，同時讓民族和社會得到提升。」

嘉納治五郎照片旁邊，是供奉一位日本神祇的木製神龕。考慮到或許有不是大和民族的人不想向此神祇鞠躬，岩見周到地把神龕放到掛滿學生所來自國家的國旗的那面牆上，這樣課前課後，大家都可以一起鞠躬。

自 1966 年起，道場每月平均有 100 到 150 名成人和兒童學生（最高紀錄一個月收生 200 人）。成人班每節課上 2 個小時、兒童班 90 分鐘。

目前，成人學生和兒童學生分別有 70 至 80 人，由於國籍混雜，故英語是主要的授課語言，課上也會用一些日語的語句。學生中約有

「我的家人、朋友和道場
都在這裡。公司的職員都
忠心耿耿的，我們緊密共事。」

一半來自法國（一個世界上柔道最盛行的國家）；其餘的包括香港的華人、日本人和白種人。道場接受各級技能水平的學生，幾乎每天都有課在上。

岩見說：「柔道的價值，在於它向任何年齡的任何人所灌輸的東西：它關乎紀律、尊重和尊嚴。和其他武術形式比較，柔道的擊打較少。由於當你摔或者鎖對手時，更多是在進行自衛，所以你不會有多少瘀傷。你必須學會怎麼落地。這有助你跌的時候不致受傷，或者腦袋不致重重摔著。」

岩見觀察到，作為柔道發源地的日本，人們對這種運動的熱度已大不如前，他對這現象十分傷感：「年輕人想踢足球，開柔道班的學校越來越少。足球是很不一樣的運動。日本以外，很少人希望當柔道教練。人們不能正確理解它的精神。」

但這並不減損他自 1966 年以來為數以千計來自世界各地的學生所作的貢獻。

9

在港教授日語30載後留港退休

上村勝雄

1994 年 7 月，日本人上村勝雄（Katsuo Uemura）帶同他新婚的香港妻子來香港生活，並開始在香港中文大學校外課程部教日語。近 30 年後的今天，他在香港這個第二故鄉安享退休生活。

他每周兩個早上到香港日本文化協會工作：編排課程、籌辦展覽，鼓勵香港學生到日本上大學；但他沒有計劃回日本定居。

大米和蘋果

上村勝雄 1953 年 3 月 2 日在日本青森縣（本州最北端縣份）八戶市一個務農家庭出生。在那裡，冬天的氣溫降至零下。

上村說：「我們擁有一座小型農場，種大米和蘋果拿去賣、種青菜自己吃。」青森縣的蘋果名聞全日本，產量佔全國總量的 56%。

連上村在內，他家共有 3 個女兒、3 個兒子。到了秋天收成的時候，全家總動員收割大米和蘋果。冬天太嚴寒，種不了第二造；所以，那幾個月農夫們都到工廠打工。

他們家屬於貧苦家庭，幸而從小學到中學，上村總是他所讀的班（40 位學生）中，獲地方政府獎勵免繳文具費的 5 位學生之一。「在成長的過程中，我一直沒有清晰的雄心。我喜歡閱讀，但對農耕沒甚麼幫助。我父母對我並不嚴苛。我感到自己在自由中長大。我家裡容許我選擇自己的未來。」

初中畢業後，他報讀了離他家僅 30 分鐘步行距離的一所技術學校

（學校採行政府新的 5 年教育體制）。「我不喜歡那學校，因為我不想做技術方面的工作。我主要待在圖書館看書。」

派報紙

上村希望到東京進修，但必須先張羅學費。他在《朝日新聞》（日本其中一份最大的報章）報社找到派報紙的工作。日本各大主要報章都維持強大的發行網絡，務使報章在上班族早上上班前送到他們手中。這表示，像其他報童一樣，上村必須在清晨 4 點起床，6 點半之前就把報紙派到他負責的小區；然後，下午 2 點至 3 點之間重複同樣的工作——這次是派晚報。「今天的年輕人已經不願意做這種工作了——因為太累。但有外國人願意做，比如越南人。」

《朝日新聞》報社向上村提供在上智大學（一所位於東京、由耶穌會主辦的大學）修讀 4 年歷史課程所需的學費。他按時上課、每天派報紙前和後努力做功課。

畢業之前，上村想改讀別的學科。為了掙錢，他到本田車廠打工，前後 6 個月。「其他廠只接受高中生當兼職工人，只有本田接納大學畢業生和退學生做這類工作。」

上村下一所入讀的大學，是國際基督教大學（International Christian University），他讀的是社會科學，學制 4 年。正是在那時，他已立定主意：要做一個面向外國人的日語教師。

本科畢業後，上村繼續深造。他選擇了早稻田大學，專攻語法、古

文和外語教學。他教授的一班外籍學生共 20 人，其中 10 位來自香港，又其中一位是在日本工作的女子；她工餘回到校園參與學生活動，與上村相遇，旋即墮入愛河，並於 1992 年結婚。婚後，二人決定他們的家會安在日本，而不是香港。「我丈母娘不喜歡日本人，說我們（日本人）幹了很多壞事。」

丈母娘的健康日差，上村的太太要回香港住 2 個月，照顧母親，然後返東京和丈夫一起住 2 個月。一回兩回，夫妻倆發覺這樣不是長久之計，遂決定乾脆移居香港。

上村分別向香港中文大學和香港科技大學申請教職，自薦擔任日語教師——為了出席求職面試，他分兩次坐飛機來香港。在收到中大的聘書後，夫婦倆隨即於 1994 年 7 月移居香港。「對我來說，這算不上犧牲——當時，我在所服務的學校工作得不那麼愉快。」

適應香港

「我對香港一無所知、毫無印象。我所知道的，就是我在地圖上所看到的。我完全不懂廣東話、我的英語很有限。上街買東西，全由我太太包辦。」

在中大秋季學期開始前的 2 個月裡，他坐巴士、坐船到處遊歷，希望對這個新家園有多一點初步印象。「我感到十分舒服。空氣很好。」幸運地，當丈母娘初次和他見面時，她對這位新女婿有良好的印象。

上｜與學生郊遊。（圖片提拱：受訪者）

下｜中大時期和同僚的合照。（圖片提供：受訪者）

在其後的 19 年裡，上村都在中大授課──學生既有全讀生，也有兼讀生。平均而言，每年約有 2,000 名兼讀生、100 名全讀生。

香港人學日語，有兩大原因：其一，是方便他們前往日本升學，有些或許是去工作，也有些人希望到當地的日資公司謀職；其二，有不少人喜歡所有的「日本東西」，包括電影、音樂、雜誌、動畫和食品。2018 年，香港有近 221 萬人次到訪日本，對於一個只有不到 750 萬人口的城市 [17] 來說，不可謂不驚人。香港是日本第四大旅客來源，無怪乎香港人學日本語的熱情不減。

日本文字有 3 種字母，其中一種是在中國唐朝（公元 618 至 907 年）年間從長安城（今天的西安）傳入，因此，（一如其他中國人及韓國人）香港人很早就學日語，比其他外國人早得多。香港人知道不少日文字的意思──儘管不知道它們的讀音。

上村說：「從幼兒園開始，香港學生就學外語，很容易就適應。但他們覺得有些字的發音很難，像要區分『n』和『l』。（例如）從福建北部來的學生比較好，閩（福建）南的就應付不了。但是，如果你夠用功，你是可以克服它的。」

2013 年，上村到了 60 歲的退休年齡，便從中大退休。自 2015 年起，他便每周 3 次到位於港島中環的香港日本文化協會總部上半天的班，忙不同的項目。2018 年 8 月，他成為協會的全職職員，又於 2020 年恢復兼職身份。他的職稱是該會的日本語講座校長。

---

17 根據 2020 年底的官方數字，香港人口約為 747.42 萬人。

日本文化協會同事。（圖片提供：受訪者）

移民去日本？

上村在香港日本文化協會忙的其中一個項目，是鼓勵香港人到日本的大學留學。他安排了一項為期 6 個月的密集課程，讓學生達到大學要求的入學語言水平。「考入學試時，考生可以選擇以英文應考某些科目，例如數學、理科和通識科，所以他們無須擔憂通過不了考試。」2020 年，約有 500 至 600 名香港人在日本各大學修讀本科和深造課程。

日本人出生率之低，在全球範圍數一數二。因此，自 2009 年起，日本政府已經改變政策，鼓勵外國學生畢業後留下工作、發展。關

於找工作，上村有這麼一個建議：「學生應該從三年級起開始找工作。外國人不明白這點。他們繼續努力讀書，等畢業之後才開始找工作。到那時候已經晚了。最重要的是找一家願意培訓你的公司。香港的公司和日本的不一樣。學業成績不是那麼重要，重要的是學生的強項、他的性格，以及他對公司的了解。學校裡所學的，大部分到了工作崗位都沒有用。到了三年級，便要留意不同的公司，而不要讀那麼多的書；三年級完結之後的暑假，不少學生都已經到公司裡做見習生。如果一切順利，他們畢業之後就可以馬上上班。

香港的學生也應當參加大學裡不同的活動，讓履歷的內容豐富些。公司想看看他們有沒有領袖的特質、能不能適應團隊工作。日本的學生頭 2 年盡情玩樂，到了三年級便認真起來、積極找工作。外國學生也可以做兼職，以了解日本社會和當中的『關係』。融入日本人社會，並不容易，但只要你用心投入，你就能做到。」

日本人的企業文化，要求同事們經常一起下班、一起去喝酒，盡興後才回家。有些外國人覺得難以適應。

然而，儘管面對出生率下降、人口老齡化的問題，日本並不歡迎移民。「日本人社會很封閉。很少人到外國去留學。要移民到日本，或者要取得日本的永久居留權，非常困難。」

退休

上村非常享受他的退休生活。「我每天花 3 個小時看 NHK（日本放送協會，是日本的公營電視台）、讀日文報紙——特別是《朝日新

「我們日本人發覺香港是個
容易住下來的地方。
我們沒遇過仇日偏見。
當我在街上走的時候，
我純粹是個亞洲人。」

聞》；然後花 3 個小時到外面步行，有時是遠足。我感到非常舒服。

我們日本人發覺香港是個容易住下來的地方。我們沒遇過仇日偏見。當我在街上走的時候，我純粹是個亞洲人。

之前，我曾經想過到福建退休，但現在不了。我會留在香港。我在日本沒有物業。」

兩夫婦沒有孩子。他還在全職工作的時候，太太會為他煮早餐、準備午餐飯盒（一些日本蔬菜）。當他轉為兼職工作，不必早起。他就和太太一起吃早餐，然後一起看 NHK 的晨早劇場。他們相處的時候會說日語——他的廣東話還十分有限。

10

澳洲獸醫診治香港寵物數十載

LLOYD KENDA

自 Lloyd Kenda（下稱 Kenda）於 1995 年從澳洲西部城市珀斯（Perth）取道悉尼和新加坡來到香港至今，一共診治過數以千計的貓和狗，為牠們的主人帶來喜樂。

Kenda 說：「你永遠不能視人們和他們的寵物之間的特殊連結為自然不過的事。他們大部分與寵物之間有著非常獨特的連結，你知道他們真心關顧寵物（特別是當心愛寵物感到不適）。無論香港還是世界各地，越來越多年輕夫婦選擇在有孩子之前先養寵物，甚至不要孩子只養寵物！他們的寵物完全、真正成為家庭的一分子，可以說，寵物給你帶來的悲傷，遠少於孩子帶給你的！」

1998 年，Kenda 接手原是 Allan Auchnie 醫生創辦、香港歷來第一家小型動物診所。今天，他照顧著 Auchnie 醫生 20 多年來的客戶的孩子們的寵物。他說：「能成為這個循環的一部分，感覺很好。」

Kenda 和太太 Tanya、在香港唸小學的女兒 Lucia 一家 3 口在港島灣仔區居住；兒子 Alessio 則在倫敦讀醫科（將來畢業後，他會醫治人，而不是動物）。

洗衣房的袋鼠寶寶

Kenda 於 1967 年 1 月 27 日在西澳州（Western Australia）西南部一個人口約 2 萬人的巴瑟爾頓鎮（Busselton）出生，是鎮上一位高中生物學教師的 2 個孩子其中一個。巴瑟爾頓鎮靠近瑪格麗特河，該區以釀酒業聞名，優質紅酒的產量，佔全國的五分之一。

呱呱墜地的 Kenda，由庫倫醫生（Dr. Kevin John Cullen）接生，後者

於 1971 年與太太一起創立庫倫酒莊（Cullen Wines），酒莊後來成為全澳洲其中一家最負盛名的葡萄酒莊。Kenda 一歲大時，父母舉家遷居西澳州州府珀斯市。1973 年，為追求「美好生活」，全家再搬到珀斯以東 30 公里一個叫 Glen Forrest 的小鎮。他們住在一個半鄉郊、佔地 3 英畝的度假農莊。

正是在這裡，這位年輕人度過了他的成長期，培育出他對動物的珍愛。「我們有很多動物——雞、鴨、羊、馬、狗、貓和鳥。我們的房子成為搶救回來的動物（例如袋鼠寶寶、因車禍或被狗攻擊而失去鼠媽媽的負鼠等）的庇護所。我十分喜歡袋鼠和馬（也喜歡騎馬）；家裡的狗狗 Skippa 經常陪伴我左右。

我父母疼愛所有動物。我和洗衣房裡的袋鼠寶寶一起成長，我們的住處滿是動物。父母親從未從牠們身上賺過錢——那裡不是商業性的農莊。事實上，所有這一切，一定花了爸媽不少錢。」他父親是全職教師，享受有薪長假期的福利。

Kenda 在本地小學和中學接受教育。他不喜歡上學，但視之為達到目的的手段；他天資聰穎，學業全科優等、名列前茅。到了大學預科，他選修數學及高等數學、物理、化學、經濟和英文。

1982 年，他姊姊移居美國；1984 年父母離婚，其時他已完成高中並上了大學，故他很大程度是獨力照顧自己的。

高中畢業後，Kenda 還不確定自己的事業路向。他報讀了西澳大學（The University of Western Australia）理學院的人體生物學及心理學，

學制 3 年。

當他到了西澳大學，便立了當獸醫的志向。於是，他改報同在珀斯市的梅鐸大學（Murdoch University）獸醫系，那是當年澳洲僅 4 所提供獸醫學系的大學其中一所。與他同屆的該系同學共 44 人，故大家彼此認識。3 年本科學習期間，課業不輕，但樂趣不少。

Kenda 回憶說：「我們甚麼動物都要學：大的小的、寵物的農場的、野生的奇珍的，都有。我寧可對著寵物——主要是貓和狗，希望當個外科獸醫。梅鐸大學比較新、比較進取，師資和設備都是最棒的，一大亮點是做手術。當年，我們確曾真的替活生生的動物做手術。對我們來說，那確是絕佳的訓練——當然，今天這種實操教學已不被允許。」

當年，對診治牛、馬、羊等較大型動物的獸醫之需求最殷切。「不是所有學生都想幹這些。那是體力要求很高的重活，工時長、薪資低，而且往往要住在偏遠的澳洲人聚落——就是說，要遠離朋友、家庭和支援。」Kenda 解釋說。不幸地，在所有專業當中，獸醫的自殺率最高，舉世皆然。在孤立無援的環境下生活、工作，很大程度是主因。

「那是由於客戶有諸多要求、體力強度高、偏長的工時、偏低的薪資，再加上獸醫們容易取得『安樂死』之類的藥物這一事實等諸因素，不幸地湊在一起。我其中一位梅鐸大學的同學開發出一套有助減低年輕獸醫自殺率的方案，而且十分成功。然而，那方案要求我們這個專業內部的相互支持。幸好，有越來越多以幫助獸醫們互相

支持的安排……但前面還有漫漫長路。」

找工作

Kenda 1992 年畢業，但那時澳洲沒有多少獸醫的空缺，他的不少同學選擇離開，到英國倫敦找工作——那裡有較大需求，薪金也較優厚。

也在那一年，Kenda 和他的親密女友結婚（新娘子是一位法律系的學生），然後他移居澳洲最大城市悉尼。大學畢業後旋即開始的第一份工作，僅僅上了 3 天班——診所主管是一位老成、備受爭議的獸醫，從一開始就明擺著：二人工作上不會合得來！

當年，互聯網或者手機的時代還沒到來，故面對面的接觸是最佳的溝通方法。因此，Kenda 編列了整個悉尼地區所有獸醫診所的清單，然後花了整整一個月的時間，坐公車逐家拜訪。「那是仲夏時節，酷熱難當，我一家一家地登門冒昧拜訪。」

最終，他找到了一家在城內核心區的診所——先當 2 個星期見習，然後轉正。他十分喜愛那份工作和那種體驗。

到亞洲去

「我太太完成了她的法律學位課程。夢想是到倫敦去，積累經驗，那裡有比較好的工作選擇，也算是一種探索歷程。我倆都有在英國工作的資格。我們都覺得機會當前不把握，往後就甭想了！可是，

住在悉尼的紐敦鎮（Newtown），我們習慣到唐人街買蔬果，又經常走過滙豐銀行在當地的分行。香港看來像是個有趣的地方，九七政權交接的步伐越來越近，而我們都從來沒到過那裡。我們決定在去倫敦之前，先在亞洲體驗一年。」

多虧一位珀斯的獸醫介紹，Kenda 在新加坡位於快樂山區、稱為「Mount Pleasant Veterinary Centre」的獸醫診所找到工作。診所的主管姓陳（Dr. Tan），他在蘇格蘭受訓，是新加坡首位本土獸醫。陳醫生的診所業務繁忙，發展迅猛。Kenda 說：「我非常喜歡，它與眾不同。作為一個年輕人，我沒怎麼旅行過，18 歲那年才第一次坐飛機出國。診所客似雲來，我努力工作，學了很多。我尤其享受生活在另一個文化環境，並融入其中。」

Kenda 夫婦不忘他們「一年亞洲，再赴倫敦」的初衷，5 個月之後，他們申請在香港上班的工作崗位 —— 在香港，二人的專業資格均被認可，於是夫婦倆 1995 年初移居香港。

香港：新手寵物主人

當年的香港約有 20 家動物診所。其中，首家小型動物診所 —— 現稱「快活谷獸醫中心」（Valley Veterinary Centre）—— 是上世紀 70 年代由一位蘇格蘭騎師兼獸醫 Allan Auchnie 創辦。由於香港並無獸醫學校，故幾乎所有操此業的都是外國人，只有少數曾於海外學習，後來回流香港的香港人。

Kenda 1995 年受聘於一個分別在新界屯門、元朗和上水開設診所的

獸醫集團，並於 4 月 1 日開始上班；太太則找到律師相關的工作。所以，對兩夫婦來說，香港是個理想選擇。「我們都喜歡這裡。」他說。

「當年，新界區會說英語的客戶很少，所以我們要靠護士傳譯。很多客戶過去從未養過寵物，他們有很多東西要學。有關照顧動物的基本知識，例如餵飼、做鍛煉等，都要耐心解釋。很多主人把寵物關在籠子裡，要跟牠玩的時候就抱出來，玩夠了就放回去，就像把玩膩的玩具放回陳列架上似的！客戶非常願意學習，願意為他們新買回來的寵物做到最好。令工作更好玩的是，我遇到我不常見的疾病。犬瘟熱和心絲蟲這些我過去常見的病，由於防禦性注射和施藥做得好，有不少在諸如澳洲等地方已絕跡，但在香港還十分普遍。

從好的方面看，寵物主人確實擁抱養好一隻寵物的想法。如果你解釋得明白透徹，他們會感到著迷、希望為他們已經視為家人的寵物做正確的事。」

1995 年末，Kenda 把家搬到港島，並在灣仔區工作；1997 年轉到另一家診所安健獸醫診所（Anderson & Hawken ——當 Auchnie 醫生退休時，把他的診所售予「安健」），後者分別在勝利道和跑馬地開設一家診所，又在港島薄扶林區擁有若干狗房。Anderson 和 Hawken 二人是行將退休的澳洲人。1998 年，Kenda 向二人提出承租他們跑馬地的業務，一個月之後，二人提出反建議：把跑馬地業務賣給 Kenda。

Anderson 和 Hawken 解釋說，他們的薄扶林地皮收到無法抗拒的收

快活谷獸醫中心。（圖片提供：受訪者）

購建議——對方要收購該地，以修建一條可通往規劃中之數碼港的車路。他們正盤算乾脆收取賠償金，回澳洲「退休」。

「他們說，擔心港元和美元的聯繫匯率會脫鈎，要求我付美元。由於當時（我）還沒有多少積蓄，他們同意我在未來一段時間內付清（但沒有說明限期）。我們握手，一言為定。（雙方）沒有簽約——那是君子之約。」

就這樣，1998 年 10 月，Kenda 成為跑馬地那家診所的第三任東主，並把店的名字改為「快活谷獸醫中心」。他買下整盤生意、店內的設備和存貨（但不包括店舖本身，因為那是租來的）。接過手來的生意，有一班忠實的客戶，他們當中好些與原東主 Auchnie 醫

生和他太太 June 已是老相識。

為儘快償還欠下 Anderson 和 Hawken 的債（從而避過匯率脫鈎的風險），Kenda 日以繼夜工作，直至債款還清。2000 年，Kenda 和太太的第一個孩子 Alessio 出生；大概一年之後，太太辭去她那全職的律師工作，然後到香港大學兼職教書。

365 天，年中無休

自那時起至今超過 23 年，快活谷成為 Kenda 生活的中心。為保持診所規模適中，他只增聘一位獸醫，外加全職、兼職護士和接待員。他把所有的生意管理和行政瑣務全部攬下。

「我希望保持這專業人性、友善的風格。我認識所有的寵物和他們的主人。我喜歡與客戶之間的那種關係。（我的）客戶群正好反映港島的人口結構：不同族群的組合——本地的和外籍的。幾乎所有我們的客戶都樂意用英語和我交談，所以我可以直接和他們對話。我經常認識新朋友，他們來自世界各地，這點我十分享受。我實在不喜歡天天躲在辦公室裡，來來去去總是對著那幾張臉孔！」

診所一年 365 日開診（並提供 24 小時緊急諮詢），聖誕節、新年和復活節也不休息！診所提供內科、牙科、診症、放射、注射和外科診治。當寵物到了生命盡頭，診所還提供善終服務，人道地為寵物進行安樂死，並安排火化。

1998 年，在通過一系列小型手術的考試後，Kenda 獲接納為澳洲

及新西蘭獸醫科學院（Australian and New Zealand College of Veterinary Scientists）會員。他說：「除了擁有專業資格和會員資格，我也從動物的角度，積累了對香港的深刻了解，包括在此地遇到無數五花八門的病和棘手案例。」

初時，診所的工作量非常繁重，他和同事們 24 小時應診。「每當有緊急狀況——有時是半夜，我們都會看診、做手術（比如剖腹產），然後隔天早上 8 時正如常上班，我們包辦一切。」

今天的工作依然繁重，但由於開辦了幾家 24 小時營業的專科診所，全天候配備獸醫和護士，現在遇到緊急求診，Kenda 可以把病號安排到這些診所接受專科治療，包括電腦掃描（CT Scan）、磁力共振（MRI）、脊傷治療，以及高風險病例。

Kenda 說：「開業早年，我每個周末都工作，錯失了無數和兒子一起參加學校運動日和親子活動日的時光。現在，除非有特殊狀況，我每星期二和星期天都放假，以便和女兒一起參加更多周末活動。要上班的那些日子就忙得多，往往充滿挑戰，但永遠不覺沉悶！我平均每天做兩次手術，另外上午看診 4 個小時、下午 5 個小時。在一個有優秀員工協作、有可愛客戶支持的友善環境工作——當然，還有四周圍繞的動物——我很享受。今天，我們有比過去好得多的藥物和設備，患病動物的處境也好得多了。」

Kenda 也治療兔、鳥、龜和其他奇珍異獸；他曾受訓照顧這些動物。現在香港已經有專門的診所照顧牠們，故這方面的工作量已經越來越少。

「我們都喜歡香港，
也喜歡很多我們在這裡結識的
朋友。這裡乾淨、秩序井然，
有一流的交通；這裡有效率，
人很友善。」

應對客戶

Kenda 在香港生活了 26 年，期間他見證了寵物市場的蓬勃發展。寵物已經成為社會不可分割的一部分，得到由小孩到成人到長者的市民大眾的珍愛。

「香港是一個富裕社會，中產階級有能力養寵物、在牠們身上花錢。我的客戶大多是非常好的主人，希望做正確的事。」

不是所有客戶都容易相處。Kenda 感慨地說：「有些人——儘管不多——不那麼講道理，甚至很討厭。他們覺得自己有充分的權利，要是得不到想要的，就非常沮喪。一隻上了歲數的狗總有要走的一天，這是無可避免的，最難纏的，是應對哀傷的主人。十居其九是溝通方面出問題。你必須解釋狗狗不會長生不老，無論你多有錢、醫學怎麼先進，狗總有一死，這是生命的現實。」

他說，近年投訴獸醫的案例飆升，部分是因為互聯網和社交媒體的普及，使人們比較容易聽到一些零碎的資訊，以及似是而非的意見，無形中壯了有意投訴的人的膽。「主人想為他們的寵物追求最好的，也願意自己吸收相關知識，這是好事；可是，在沒有全面背景知識的情況下，片面的信息無助，甚或有害於他們的正確了解。坊間（特別是在社交媒體）充斥著完全錯誤的信息，以致我們經常要重新教育客戶！」

Kenda 回想起一個叫人難忘的案例：一隻寵物狗在他主人不在香港的時候離世，主人其中一位家人把牠帶到診所的時候，狗狗其實

已經「走了」。主人那天深夜返抵香港後，跑到診所，死命要把大門砸破。「當我趕到的時候，看到已經有警察在場，才放下心頭大石。那情景挺嚇人的。」Kenda 猶有餘悸；又說，「另外有一次，客戶用非常粗暴的語言辱罵我和我的同事，他們把店裡的東西砸個稀巴爛，還作出嚇人的威脅。這些都不是人們能想像（甚至不想知道）的、獸醫工作的一面。」

上面說的這些壓力，是不少獸醫在私人執業僅 6 至 7 年便離開的原因。他們寧肯到政府、學術機構、大藥行打工：反正仍然用得上他們學來的知識，但又不用直接跟寵物的主人打交道！Kenda 說：「這正是因為他們承受了他們客戶所發洩的哀傷。他們面對著嚴重的指控、遭到太多語言威嚇和情緒的勒索。所謂『同情疲勞』（Compassion Fatigue），果然確有其事！」

幸好，危險的客戶畢竟是少數，且不常出現。日常而言，對身體形成傷害的最大風險，來自發了狂的貓貓。「牠們比狗更危險：牠們有利爪——還有利齒！」

不退不休

由於 Kenda 兩夫婦還有一個小女兒 Lucia（於 2010 年出生），「在可見的未來都不會退休！只要我還能工作、只要我仍然享受，我會一直幹下去。」他說。

新冠疫情爆發前，Kenda 一家每兩年總會回珀斯探親訪友一次。兩地沒有時差；單程要飛 7 個小時。

Kenda 喜歡香港的地理環境，有遠足的習慣。（圖片提供：受訪者）

「我們和那邊有很強的聯繫，也想讓我們的孩子認識他們的家人，讓他們欣賞澳洲。我從來不曾有一次離開超過 10 天，不然的話，回到香港會忙得要命。這是自己替自己打工、經營自己的生意不那麼理想的一面。」

Kenda 惦念著老家的體育運動，特別是板球和澳式足球，也惦念著澳洲音樂，還惦念著能定期觀賞小型現場音樂會。他還緬懷當年居住環境的寬敞：「在我成長的地方，我可以一整天看不見一個人。我們家的房子夠大的，而後面有一個更大的場院。（在澳洲）這不算甚麼。」

但 Kenda 兩夫婦沒有打算在珀斯住下。「我們都喜歡香港，也喜歡

很多我們在這裡結識的朋友。這裡乾淨、秩序井然，有一流的交通；這裡有效率，人很友善。你可以這一刻還在中環商業區，15分鐘後已經走在遠足徑上，享受森林的野趣和寧靜。世界上沒有別的地方有這種妙處，我們超喜歡。」

Kenda 還喜歡香港在地球上的位置：他一家到倫敦看兒子、到珀斯看親戚都很方便。

Kenda 夫婦倆都是香港木球會（Hong Kong Cricket Club，會所位於港島黃泥涌峽道）的會員，他們在那裡玩木球，也享受會所的祥和寧靜。「那是我們的後院。」

11

印尼外傭的代言人

SRINGATIN

Sringatin 是香港約 18.3 萬印尼家傭的代言人——她是印度尼西亞移民工人工會（Indonesian Migrant Workers' Union，下稱 IMWU）主席。居港印尼家庭傭工，是繼菲律賓家傭群體（約有 20 萬人）之後，僑居香港的第二大少數族裔群體。自 2002 年起至今，她在香港度過了人生中的 20 個年頭——這不是她的自由選擇，而是因為若留在家鄉，她缺乏找一份好的職業所需的金錢和人脈。

「我們在這裡打工，要付出沉重的代價。」她說，「要是人們在印尼能有好的收入，或者有自己的地，沒有人會來這裡做家傭。」

艱難的童年

Sringatin 1980 年 8 月 2 日在印尼東爪哇省的一條叫 Blitar 的村莊出生（那裡也是印尼取得獨立後首任總統蘇加諾的家鄉）。她的童年可謂多舛而傷感。她是父母 6 個孩子其中一個；父親是農民、母親經營小生意。家裡破產之後，父母參加了政府一個遷徙人口的計劃，移居蘇門答臘島（Sumatra）上一個偏遠地區；父母帶了 Sringatin 和她的一位弟弟同往。可是，他們獲分配的地塊十分貧瘠，更要命的是蚊子多不勝數。Sringatin 才 6 歲，蚊子帶來的瘧疾就要了父母的命。他們住的那個地方既無靈藥，又缺醫療，於是 Sringatin 其中一個姐姐遠道到蘇門答臘找到妹妹，又騎自行車又坐公交車，用了 6 天時間把她帶回家鄉。此後，Sringatin 開始上小學。

一位老師收養了 Sringatin，讓她與自己的家庭一起生活，並從小學到中學一直替她交學費——在印尼，基礎教育並非免費。「這個家

庭待我就像他們其中一個孩子一樣。」Sringatin 是個天資聰穎的學生，她完成 12 年的基礎教育，再修讀 6 個月的財務及稅務課程；她會電腦，又有會計知識，具備了這些，她預期可以找到一份好工作；可是，結果令她失望。「我到處叩門——銀行、汽車陳列室；蘇門答臘島上從事棕櫚油、採礦和伐木的大企業等等，但我既無關係，又不願意（也無能力）為插到應徵者隊伍的前頭而給『紅包』。」她能找到最好的工作，是在蘇門答臘一家酒店當清潔工。「我本來可以坐主管的位置，但那主管是酒店經理的一位親戚。我的養母勸我從軍，或者加入警隊，但我沒興趣。」Sringatin 的其中一位姐姐 1998 年去了香港當家傭，姐姐勸 Sringatin 來香港做姐姐所做的。那時，姐姐正處於她和第二個僱主的 10 年合約之中；她負責照顧僱主家中一位老人家，那家人待她很好。「（印尼）政府推廣的地方有香港、文萊、馬來西亞和中東，其中論善待家傭，香港人的聲譽最高。」

移居香港

對 Sringatin 來說（對其他申請人來說也是），下一步是一個由印尼僱傭中介安排的、為期 3 個月的培訓課程。準家傭接受培訓時不用繳費，但代價是（若他日成功獲聘）首 7 個月從僱主手中發予的薪金。中介告訴她有來自台灣、新加坡和香港的工作機會，她選了香港——因為有姐姐在。「課程就像軍訓。我們每天清晨 5 點起床、做運動。這些根本沒用。學校安排曾經到過香港的過來人教我們一點廣東話。我們也學清潔打掃、學一點做飯——怎樣煮新鮮青菜，用中式的方法蒸魚。僱主是誰，不由我們選擇。」

Sringatin 的第一份合約是在 2002 年，事後回看，那簡直是噩夢一場。僱主夫婦極為富有、有幾套房子、有 5 輛車；他們有 3 個已經成年的孩子。Sringatin 住在僱主位於九龍西深水埗的一套房子；每月獲發港幣 2,000 元（而不是法例規定的最少港幣 3,670 元）、每月只許休息一天（而不是法定的每 7 天休息不少於一天、每年可享 12 天法定假日）。

僱主同時聘有一個菲律賓籍家傭，後者收到的是法定的工資。「我每天都要清潔全部 5 輛汽車。房子、菜市場、停車場，就是我的整個世界。為甚麼我要在星期天清潔汽車，而我的朋友可以各自精彩？一切都很奇怪，我誰都不認識。

從好的方面看，我有自己的房間，可以在裡頭看印尼報紙；我沒有遭到身體虐待，我可以吃我想吃的。我的工作是清潔和煮食。我的男主人很有禮貌，過中國人新年的時候會給我發紅包。我們用廣東話溝通。我解釋不了為甚麼一位富婆會那麼刻薄。」更重要的是，女主人強迫 Sringatin 吃豬肉——穆斯林是禁止吃豬肉的。「她不吃牛肉而吃豬肉。這家人吃甚麼我就要吃甚麼。我接受不了。」Sringatin 向她姐姐投訴，又說想離開；但她姐姐說這樣會涉及很多很多錢。所以，她不情不願地完成兩年合約。對於她的第二位僱主，Sringatin 就沒那麼好耐性。她開始工作才兩個月就辭工了：「在休息日，我早上 8 點前、晚上 9 點後還要工作。」

終於，否極泰來。Sringatin 的第三位僱主，是一對長者夫婦，有一子一女，養有一隻狗。現在知道相關法律了，Sringatin 事前與僱主談妥所有條件。「他們人很好。我有自己的房間，也買了一台

電腦、一支吉他。到了星期天，我到 IMWU 辦公。我享受自由時間、享受音樂。老夫婦幫我學廣東話；他們跟我講許多故事。美中不足的是：合約沒有列明工作時間，結果變成每天早上 7 點到晚上 10 點，或者 10 點半。每天都一樣，工作內容也一樣。」

Sringatin 於 2009 年返回印尼。她用打工存下的錢，在家鄉那條村為自己蓋了一幢樸素的房子。她希望做點小生意，開一家咖啡店，或者買一塊農地，但她沒有足夠的錢；況且，她所在的村也實在太窮，支持不了她的生意。因此，她 2010 年又回到香港；從那時起，她又為 2 位僱主打過工。

與此同時，她越來越投入 IMWU 的事務：她幫助曾受身體虐待（甚至性虐待）的、未能收取正當薪酬的，或者有其他不公義遭遇的同鄉進行法律申訴。其中最有名的案例，是印尼女傭 Erwiana Sulistyaningsih 受僱主虐待案。Erwiana 2013 年遭到女僱主（羅允彤，40 多歲，為人之母）虐打等身體傷害，持續有 8 個月之久。在僱主家只能睡地板的 Erwiana，每天工作 21 小時，沒有享受過一天休息日。她被虐打的傷口因受感染開始潰爛，但僱主不讓她看醫生。2015 年 2 月 27 日，區域法院裁定羅被指控 21 項涉及 Erwiana 和另外 2 名家傭的襲擊、恐嚇、欠薪等控罪中，有 18 項罪成。法院判羅允彤入獄 6 年（羅於 2018 年 11 月獲假釋）；並須向 Erwiana 賠償超過港幣 80 萬元。Sringatin 說：「即使有了那個裁決，Erwiana 仍然未收過一分錢賠償。羅允彤不願賠償。她的律師為她提出上訴，我猜。」目前，Erwiana 在印尼生活，並接受輔導。「她仍然有那次磨難造成的後遺症——她視力不清、背部疼痛。」

Sringatin 協助受不公義遭遇的同鄉。（圖片提供：受訪者）

幫助姊妹

後來，Sringatin 擔任了 IMWU 的主席。「我們要看到家傭的工作時間寫進法律和（僱傭）合約。如果辦不到，至少應該列明我們每天有 8 個小時睡眠、3 個小時私人時間的權利。Erwiana 每個晚上只睡 2 個小時，有的睡 4 個、6 個小時。還有，如果你照顧的是行動不便的人，或者一個需要 24 小時照顧的人，你就很難好好地睡上一覺。（主人家裡）每個人都是你的老闆——包括寵物。」她也挑戰法例中有關傭工必須在僱主家中居住的規定。「有些傭工就睡在地板上、櫥櫃裡、在洗手間、在廚房、在儲物室。有一位傭工和主人的 11 隻狗同睡在一個房間裡，因此皮膚受到感染。她們沒有私

隱。」她說，只要僱主同意，應該容許傭工選擇不在僱主家過夜；這樣，雙方都有舒一口氣的空間。再者，政府應該容許家傭（像其他居港外國人一樣）在留港 7 年之後，申請永久居留權；目前的法律不接受她們申請。

據 Sringatin 估計，目前約有 10% 的僱主沒有善待（甚至惡劣對待）他們的傭工。「我們明白香港婦女為了追求較好的生活，工作時間很長。任何事都要花錢。我們關心、愛護長者。她們惦念著和自己的孩子一起的溫暖和親密。我們希望令每一個人都快樂，但沒有人關顧我們的感受。我們的父母呢？我們的家人呢？」她說，大部分虐待案例的苦主都不願開口提；要代她們出頭，把她們的遭遇帶到法庭，並不容易，何況沒有人知道提訴要用多長時間、花多少錢。

筆者問過她們：在海外打工，到底奉獻了她們生命中的多少時間。Sringatin 說：「印尼傭工一般在香港打工 4 到 20 年，平均是 10 年。她們最年輕的是 20 歲，最年長是 60 歲。她們每月匯回家鄉的錢在港幣 1,500 元到 4,000 元之間，另外自己存起來 500 元，作個人花銷之用（例如買手機和家人聯繫）。新冠肺炎在印尼肆虐，導致處處封關防疫，增加了家庭對錢的需求。

「大約 60% 的家傭已婚（有些才 17 歲）。她們一年才和家人見一次面，如果她們有孩子，會把孩子留給丈夫和孩子的爺爺奶奶。有些需要聘請家鄉當地的家傭照顧自己的父母。在這些情況下，母親和孩子之間往往出現感情的鴻溝；通過 iPhone 聯繫，並不足夠。」Sringatin 估計，在香港打工的印傭之中，大概有 1% 在香港結婚，對象有中國人、印度人或者西方人。「文化很不一樣。工作的時間

「我們希望令每一個人
都快樂，但沒有人關顧
我們的感受。我們的父母呢？
我們的家人呢？」

和生活的安排，令她們難以發展一段感情。在印尼，要是一個非穆斯林和一個穆斯林結婚，他或她必須改宗伊斯蘭教。」

在香港度過了 20 年的光陰，Sringatin 自己的婚姻夢、家庭夢早已幻滅。「要發展一段感情，你需要時間、要有一定的熟絡程度。我以前有過不止一段遠隔兩地的感情，但都無疾而終。至於婚姻，必須等我人在印尼。你需要認真投入。我的夢想是回家，買一塊可以養活我自己的地。但我不能在我出生的那條村（我的房子也在那裡）買地，因為那裡太貴。印尼沒有社會福利、住房或者醫療福利。」

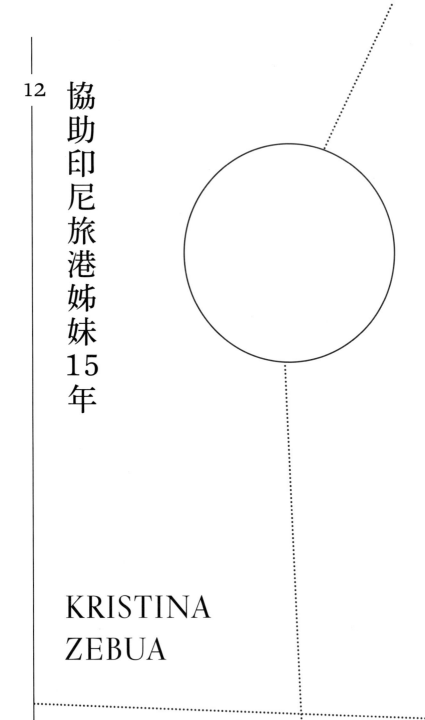

12

協助印尼旅港姊妹15年

KRISTINA
ZEBUA

要是一個在香港打工的印尼家傭懷孕，隨即被僱主解僱，她將會面對甚麼情況？

碰到這種情況的家傭可以向融幼社（PathFinders）求助。該非政府組織於 2007 年創辦，組織的社區教育經理、印尼人 Kristina Zebua（下稱 Zebua）一直為旅居香港的移民社群提供各種幫助，迄今已有 15 個年頭。

「2020 年，我們處理了 400 宗案例、涉及 1,100 位媽媽和她們的嬰兒。我們給她們 3 個選擇：合法終止懷孕、讓人領養、自己把嬰兒帶大。不少媽媽缺乏她們需要的信息。我的工作是教育她們、給她們力量。」她說。

Zebua 於 2003 年自印尼雅加達神學院（Jakarta Theological Seminary）取得神學碩士學位。翌年，一個總部設於瑞士的福音派教會 Mission 21（下稱「宣教 21」）邀請她來香港，到基督教勵行會工作，主要負責幫助海外傭工。從此，她便在香港落地生根。

來自偏遠海島，走向社會行動

Zebua 1979 年生於印尼蘇門答臘島（Sumatra）以西一個叫尼亞斯（Nias）的外島。和印尼其餘地方人口的宗教信仰組成（絕大部分是穆斯林）很不一樣——在它約 75 萬的人口中，超過 80% 屬基督新教（那是德國傳教士在該地區播道的成果）。

Zebua 來自一個家境寬裕的中產家庭。他父親是一家地區性建築公

司的工程師；母親是一位教師、一家幼兒園的園長，後來成為當地社會福利部門一名官員。

Zebua 共有 4 個兄弟姊妹，其中 2 個從一對夫婦那裡領養而來，後者所來自的家庭養不起自己的孩子。

Zebua 又說：「我們家是一個家族的一部分。晚飯的時候，坐在一起共有 10 個人。房子總是敞開的。我父母是我們『家族』的領袖。人們跑來徵求他們的意見、向他們要錢。」

在家裡，他們說巴哈薩語（Bahasa，印尼國語），而不是尼亞斯方言。父母希望為孩子準備好尼亞斯島以外的生活。「我聽得懂尼亞斯話，但不會說。」

Zebua 在尼亞斯天主教教會的學校上幼兒園和小學。她 13 歲時問父母能否報讀剛在北蘇門答臘開辦的模範寄宿學校。那學校由當時的印尼總統蘇哈托的同事資助，是當時東南亞最豪華的學校之一。從尼亞斯出發到那所學校，要坐 8 個小時的渡輪。「我對父母說，對我來說，尼亞斯步伐太緩慢、生活太平靜。我這人並不平靜，我喜歡節奏快。」

Zebua 的父母不太情願讓她住到離家那麼遠的地方去，但認可她的志向，故而對她說，如果她能拿到升讀頂級班級所需的甲等成績，他們就讓她去。於是，Zebua 努力讀書，終取得所需的成績等級，是她班裡 28 個達標的學生其中一個（學校共有學生 228 人，Zebua 那班有三分之一是女生）。

新學校的校園設施齊全，有一流的圖書館、一座電影院、一座運動場。在印尼，每班的學生人數偏少。由於學校的創辦人是軍旅出身，學校很講求紀律——每位學生均須穿軍服；每天的課堂（包括體能鍛煉）排得很緊湊。

Zebua 最喜歡的科目是英語、巴哈薩印尼語、數學、物理和化學。在那裡，她平生首次體會到偏見——來自尼亞斯島的人被認為是較低等、較沒文化的一群。人們問她這個從尼亞斯來的人怎會到學校來唸書。

「親身見識過歧視，讓我變得更堅強。因為我敢言，同學們推舉我做他們的代表。」

完成 3 年學習後，Zebua 要在 3 所學院之間，作出升學選擇：2 所位於爪哇西部萬隆市（Bandung）的公立大學，以及位於首都的雅加達神學院（於 1934 年創辦，是印尼歷史最悠久的同類機構）。她偏向選萬隆 2 所大學其中之一，因為她的同學都去了那裡。

可是，Zebua 的父母希望她讀神學院；他們和一位表親會負責學費和生活費。她參加並通過了神學院的入學試，於是她來到了距離家鄉 1,300 公里的首都雅加達，舉目無親。

神學和輔導

Zebua 在神學院度過了 5 年，修讀神學科學、教育，以及教牧輔導。她投身社會和政治生活、參加反對總統蘇哈托統治的示威。

5 年課程中的幾次暑假，她被分配到海員中心（Centre for Seafarers），以及不同國籍的船舶上實習教牧輔導，過程中，她的英語進步了。她也向離婚婦女以及學校學生提供教牧關懷。

「到畢業的時候，我不想做傳教士，而想做教師或者繼續進修，拿個哲學博士。我擔任一位教授的研究助理，同時擔任駐校助教，幫助一年級女生的學業。我考慮到荷蘭或者澳洲進修。」

然後，出乎意料地，天掉下來一個到香港工作的機會——幫助曾經在庇護所避難、當前面對困難、需要輔導的海外勞工。「我從未想過會是香港。它根本不在我們的視野之內。我不會說廣東話。」

這工作機會來自前述的宣教 21。它作為一個國際性慈善機構，在非洲、亞洲和拉丁美洲運作，與全球各地超過 70 個夥伴教會和組織合作，運行超過 100 個項目。

一方面，項目令 Zebua 感到興奮；但另一方面，對在一個遠離自己家鄉、自己對它一無所知的城市工作，她感到害怕。「我給家母打電話，她說：『你想怎麼樣？』她是個教育工作者，思想十分開通。」

2004 年 7 月，她來到香港探探路、摸摸情況。她的工作將是到位於九龍區的基督教勵行會土瓜灣服務中心暨暫居中心工作。該中心旨在幫助遭受僱主和中介機構恣意剝削的海外家傭；向她們提供基本食物、庇護所；就勞工權益事宜提供教育和輔導；提供電腦和語言訓練。

孤單

2004 年 8 月，她正式移居香港，住在她工作上的前任所住的開放式小單位。她覺得那地方太小，就搬到九龍中部彩虹區一個「居者有其屋」的單位住，月租港幣 3,500 元。在往後的 8 年裡，她都住在那裡。

「頭 3 年很難熬。我感到很孤單。我誰都不認識——除了宣教 21 的人之外。他們都是歐洲人和中國人，人很好，但他們的文化都和我家鄉的不同。我想家、思念印尼，（所以）我只好埋頭工作。我非常喜歡這工作。

我嘗試學廣東話，但香港人不是很友善——我說的時候，他們取笑我，笑我犯的錯。我就乾脆不學了。」

Zebua 的僱主是基督教勵行會。該會於 1985 年在香港創立，起初負責管理（專門安置越南難民的）啟德難民營，並以「啟德營」新秀大廈為總部，向全香港共 10 個難民營的難民提供職業訓練、安排就業的服務。其後，勵行會的服務拓展至向海外傭工、難民、貧困及有需要者提供幫助（包括供應免費飯餐）。

Zebua 所組織的課程需求是如此的大，以致啟德營原址已不敷應用，（加上政府徵用啟德營原址發展公共房屋）勵行會遂搬遷至同區彩雲邨一所校舍作新址，繼續運作。每到星期天，超過 300 名外籍家傭到新址上課。Zebua 正是此課程項目的策劃人。

Zebua 的理想，是要傭工們在回鄉時，具備開展一門生意或者找到一份有意義的工作所需的知識，從而可以負擔得起養育自己的孩子，把希望帶到她們所來自的社區，同時把她們在香港學會的價值和技巧，傳導給她們的社區。

2006 年，Zebua 和她的戀人結婚。愛人來自印尼婆羅洲南加里曼丹省，是一位自由工作攝影師，也是 Zebua 在印尼時最要好的朋友。婚禮在九龍佐敦的九龍佑寧堂（Kowloon Union Church）舉行。婚後，基於婚姻的關係，丈夫取得配偶簽證，來香港定居。

丈夫的父母是穆斯林，並不認可這門婚事。「他和父母很親近。要是我們舉行穆斯林婚禮，我就必須改宗伊斯蘭教。我們曾經考慮過，但決定不應該僅僅因為討好他父母而改變自己。我們應該過自己的生活。」

無窮的需要

Zebua 擔負的使命，沒有窮盡的一天。家傭在土瓜灣的庇護所尋求庇護，因為她們被僱主虐待、被僱傭中介剝削。她們軀體上、心靈上都需要支持。「當你看到有需要，你沒法僅止於做合約上要求你要做的。」

有些受不當待遇的傭工會對她們的僱主採取法律行動，整個過程可以歷時達一年。這表示，法律程序進行期間，她們有可能逗留在庇護中心 6 到 12 個月。「她們手頭可能不夠錢，但她們必須用這錢來爭取些甚麼。」因此，Zebua 為她們安排學習不同技巧的課程。

「我是那麼投入工作，以至每到星期天，我會去維多利亞公園，和休假到那裡聚會的女士攀談。我們開設另一個中心，為那些不在庇護中心照顧範圍的人開辦課程。我丈夫是頭一批幫我忙的義工之一。」

Zebua 持續在勵行會服務 8 年，到 2012 年止。

幫助腹中胎兒

2012 年 7 月，Zebua 轉職到融幼社。該社始自創辦人 Kylie Uebergang 和 Melissa Mowbray-d'Arbela 於 2007 年拯救了 4 名由外傭產下的嬰兒。二人發覺香港社會有不少產子而未呈報的情況，誕下的嬰兒因而未有受到應有的保障。由於擔心被逮捕、被遞解出境，懷了孩子的外來婦女不知道到哪裡求助。融幼社創辦人希望透過成立組織，向她們提供幫助。她們認為沒有一個嬰兒應該遭受誕生後無人理會、缺乏醫護照顧、得不到庇護、沒有身份等等的境況。

截至 2021 年，融幼社共幫助了近 7,000 名嬰兒、兒童及婦女。作為一家慈善機構，它提供兒童保護、輔導、庇護、食物、健康、教育和法律支援。

融幼社的官網說（大意）：「不少外來傭工是已屆生育年齡但缺乏生育衛生知識的婦女。融幼社採取教育性及預防性的原則，確保每一次懷孕均是深思熟慮的、按照計劃的，為孩子確立清晰、穩定，更光明的未來路向。我們明白：若沒有系統的、政策上的改變，融幼社處理的難題或將隨香港外來傭工的數字增加而加劇。」

融幼社的經費來自（主要是外籍）私人和企業捐款；根據其 2019 年年報，該會的收入為港幣 986.8 萬元，主要來自項目收入、一般捐款和籌款活動。該會的 20 名員工中有外國人、中國人和印尼人。

目前，Zebua 正處於她在融幼社的第二個任期。她在第一個任期（2012 年 7 月到 2016 年 12 月）期間擔任個案高級經理，這表示她是在前線工作，幫助懷孕婦女。

她說，雖然有好幾個別的 NGO 都幫助被虐待或被拖欠薪金的外來家傭，但融幼社是唯一一個同時向懷孕家傭施以援手的。

「那些父親中，有中國人、歐洲人、美洲人、亞洲人和非洲人。她們的僱主往往會終止僱傭合約，或者她們自己辭職，因為她們相信自己已不能好好工作。根據法律，她們和香港的婦女有相同的權利。（但與此同時）僱主沒有義務照顧（她們的）嬰兒。

作為個案高級經理，我向她們解釋她們的權利：安排領養、合法終止懷孕，或者繼續懷孕。基於宗教和文化的理由，選擇前 2 種做法的，只屬少數；大多希望把孩子生下來。」

在香港出生的那些嬰兒當中，只有 5% 最終能取得香港居民身份。要取得這個身份，嬰兒的生父必須是中國人，且後者必須到法庭正式宣誓自己確是孩子的生父。

那些持有有效護照的傭工可以留在香港分娩。「至於那些逾期居留的，我們會幫助她們向（特區政府）入境處自首，後者會簽發文件

（圖片提供：PathFinders 網頁）

「我必須走出去，
走到她們當中，提供教育。
她們自身是有力量的。」

確認此事實，而她們就等候被遣返。」香港政府不把印尼或菲律賓列為可申請庇護的來源地國。

被遣返的母親和嬰兒回國後將面臨巨大的困境。「社會視混血兒為見不得人。要是（母親）有丈夫，有些家庭還可以接受，但大多數沒有（丈夫）。家人認為混血兒會帶來麻煩，令生活更艱難。有些家庭拒絕接納她們。我們幫助她們在印尼安頓。」

Zebua 視自己的使命為教育這些婦女、予她們以力量。「她們當中有不少缺乏（有關節育方面的）必要信息。所以，我必須走出去，走到她們當中，提供（這方面的）教育。她們自身是有力量的。」Zebua 招聘了 104 位印尼和菲律賓傭工擔任「大使」，協助她進行外展工作。她們奉獻自己的星期天 —— 她們唯一的休假日，去啟蒙別人。

2020 年，融幼社共處理了 400 個案件，涉及 1,100 名婦女和嬰兒，其中，62% 是印尼人、30% 是菲律賓人，其餘的是南亞人。

由 2018 年初起（至 2019 年 6 月止），Zebua 請了 18 個月的長假。在那段寶貴的時間裡，她和家人一起在印尼度過，同時也是暫時離開沉重的工作壓力，好好休息。

休息過後，她回到融幼社，擔任社區教育經理。「我十分喜歡這工作。我很遺憾不會說廣東話。」

專門跟進家傭懷孕個案的融幼社。（圖片提供：PathFinders 網頁）

13

從打工到創業的法國廚師

GREGORY
ALEXANDRE

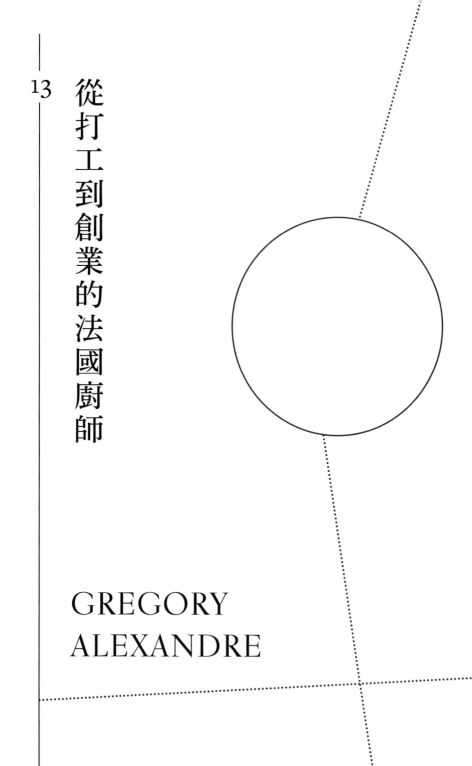

2010 年 11 月，法國人 Gregory Alexandre（下稱 Alexandre）不靠銀行貸款或外來投資，在港島銅鑼灣最熱鬧的地段開設一家名叫 Fleur de Sel 的餐廳。他給這家餐廳 3 個月時間，讓生意表現決定餐廳是繼續還是結束。

11 年後的今天，他在香港擁有 2 家餐廳，另有一家專門進口法國精釀飲料（Craft Drinks）和有機飲料的公司。

開業 12 個月後，Fleur de Sel 開始看到盈利。「我在家鄉不能做的，我在這裡做到了。」Alexandre 說，「在香港，你可以在 4 個小時之內成立一家公司；在法國，得花上 4 個月 —— 規則和法例，多不勝數。

我覺得在這裡比在法國自如。時間過得很快。這是一座充滿動感的城市。我覺得這裡的人很好客；它給人一種安全感，生活也很優質。我學到很多。這裡的人思想很開放；法國人常有『我們做甚麼都是最好的』的錯覺。」

Fleur de Sel 規模很小：座位有限、員工 6 人。「我希望它能保持小巧、親切。客人進來，他們知道會得到店家的悉心關顧，他們喜歡這樣。餐廳不怎麼大。香港的餐廳大多不能做到（我說的）這種關顧。」

在餐廳環境成長

Alexandre 希望在他的餐廳裡營造他成長過程中的環境氛圍。Alexandre 於 1979 年 4 月在位於巴黎西郊的敘雷訥鎮（Suresnes）出

生。他父母在敘雷訥鎮內經營一家面積有 40 平方米的酒吧餐廳，家就安在餐廳的樓上，那裡就是 Alexandre 度過童年的地方。

「餐廳每天從早上 7 點開至晚上 11 點，天天如此（夏天休息一個月不算）。我們住在 2 樓。我喜歡那氛圍——活像一條村。

我父母認識所有人。早上來光顧的，都是工人，中午是白領。他們向我們講自己的故事，也向我們訴說家庭和財務上的煩惱。我父親是個相當好的聆聽者。有些顧客沒有錢，要到月底發了工資才來結賬。我碰到一些我在外面從來沒有碰過的人。美中不足的是：我和哥哥難得見上父母一面。」

Alexandre 在學校的成績一般，15 歲便中學畢業。「我不知道幹甚麼好。我們兩兄弟就跟著父母做餐廳。我到法國聖克盧（Saint-Cloud）一家酒店學院學藝，並到法國不同地方的餐廳實習。」

他其中一家實習的地方，是位於諾曼第大區（Normandy）多維爾鎮（Deauville）的一家大型酒店，該鎮是一個相當受歡迎的海邊度假勝地，也是法國小說家 Marcel Proust 的作品——*À la recherche du temps perdu*（《尋找失去的時間》）——其中一幕所描述的場景。

Alexandre 回憶說：「我是那裡 4 個學徒之一。能在這臨海的著名酒店工作，我們都很高興。廚房的員工分 4 個等級，最高級是總廚，我們 4 個學徒屬最低級。很不幸，我要和一個 30 年來都在同一個職級、從未獲晉升的前輩共事。他給我的壓力太大，以致我 2 個禮拜後便辭職。」

接下來的差事就稱心得多──在法國境內的里維耶拉（French Riviera，以區別於意大利境內的 Italian Riviera）地區、靠近尼斯市（Nice）的費拉海角四季大酒店（Grand-Hôtel du Cap-Ferrat, A Four Seasons Hotel）工作。該區是全歐洲其中一家最富貴、最受歡迎的度假勝地，滾石樂隊（Rolling Stones）[18] 成員等眾多名人都在這裡擁有物業。

Alexandre 讚歎道：「這讓我的眼界大開。酒店有很多來自不同國家（包括意大利、日本和阿根廷等）的顧客。我必須開始說英語；我領略到何謂頂級名菜。我們是米芝蓮（Michelin）一星餐廳。我們提供第一流的本地食材，以及前一晚才剛撈到的魚，味道是第一流的。」他在那裡工作了 6 個月。

Alexandre 在法國學得整套美食學知識。和中國烹飪一樣，法國烹飪躋身世界頂級美食之巔。他說：「法國約有 12 位頂級烹調大師，年輕學徒們都渴望能追隨他們身邊學師。要是你申請了，你得等 3 至 4 個月才有機會。」

「我來這裡幹甚麼？」

2002 年冬天，Alexandre 開始考慮到外國謀生。他向美國、南非和安的列斯群島（Antilles）[19] 的餐廳寄去簡歷求職，但均石沉大海。後來，他在 Saint-Cloud 學藝時的教授告訴他，法國駐港總領事 Serge Mostura 正物色一位在他官邸服務的廚子。當時 Mostura 就在

---

18 上世紀 60 年代英國著名搖滾樂隊，風靡世界一代年輕人。
19 位於南美、北美兩大洲之間、加勒比海中的群島。

法國，於是外交官和廚子見上了面。Alexandre 說：「他富同情心，很有外交家的風範，我喜歡他。當時我只有 22 歲，所以就簽了約，月薪港幣 17,000 元。我對香港或亞洲一無所知。因為當時爆發『沙士』，我到香港的日期就由 2003 年的 1 月推延到 5 月初。」

當 Alexandre 來到香港時，他大為震驚。官邸位於太平山頂，可以同時俯瞰香港島南北兩岸全景。他說：「我是廚房裡唯一的廚師，官邸還有 2 位菲律賓籍女傭。當時我在香港一個人也不認識，家人和朋友都離我很遠。我的英語不行；這裡老是下雨。我問自己：『我來這裡幹甚麼？』」

頭 4 個月是難熬的，特別是周邊沒有一個同事（他在法國工作，身邊總會有同事）；和法國家人聯絡，要大費周章。但慢慢地，他總算熬過去了。

總領事的司機每周 2 次會把他和總領事夫人載到灣仔菜市場。「我能買到我所需要的一切東西——包括我所熟悉的和我第一次看到的，那是發現之旅。」

住在總領事官邸的 Alexandre，任何時間都要候命。總領事經常邀請賓客（不多於 16 人）到家裡共進晚餐，也會安排 10 來人的午膳，或者（當偶爾向特定人物頒發獎章時）不多於 60 人的雞尾酒派對。

Alexandre 說：「如果他邀請首席法官，我必須準備些特別的菜。幸好，人人都愛法國菜。此外，我還得學會烤麵包、做糕點，因為總

領事希望告訴來賓，這些都是名副其實的自家出品。」

Alexandre 的祖父是一位麵包師傅，習慣了清晨 4 點就起床，烘焙法式長麵包和糕點。Alexandre 說：「我從未見過我祖父，但我很願意學。」

「有時候，總領事會在周末邀請客人到官邸。我沒有固定的假期——除了夏天總領事離開香港度假 6 個星期。我簽的是本地人合約，不屬於外地僱員。我會放個短假，到越南、泰國和中國內地旅行，但從來頂多就是幾天。」

當法國大師級廚師到訪香港時，Alexandre 有機會與他們一晤，和他們在文華、香格里拉等酒店短暫共事、學藝。他前後共為總領事打了 2 年工，然後遷居澳門。

澳門的 Robuchon a Galera

2005 年 1 月，Alexandre 到澳門葡京酒店（Robuchon a Galera）餐廳當助理廚師。當時，Robuchon a Galera 開業才 2 年，老闆是 20 世紀其中一位最偉大的廚師 Joël Robuchon。Robuchon 在全球各大城市開設的餐廳 10 多家（其中 3 家在東京）。到了 2016 年，他旗下的餐廳共持有 32 枚米芝蓮星，是餐飲界的一項紀錄。Robuchon 於 2018 年 8 月離世，享年 73 歲。

Alexandre 介紹說：「所有大廚師都是 Robuchon 一手訓練的，所有新人都希望有機會追隨他。在 Robuchon a Galera 工作的經驗十分寶

貴，葡京是亞洲最大的酒店之一，在那裡我有 1,300 位同事。」

Robuchon 每年有 4 次到澳門，每次都有 5 名人員隨行；每次都用一個星期的時間，為某個星期六一頓招待 30 至 35 名賓客的隆重晚宴，準備 12 至 15 道菜。這類晚宴的成本由港幣 3,000 到 6,000 元不等。Alexandre 住在酒店附近一個 80 平方米的單位，月租港幣 3,000 元。工作的要求很嚴苛，每周有一天假期（他會來香港度過）。一如在費拉海角四季大酒店，他有機會和世界級的大廚一起為最富有的貴賓備餐。

摩納哥最大的遊艇

2006 年 2 月，Alexandre 決定申請長假，返回法國，和家人共處。假期才開始了大約一個星期，他的電話就突然響起：有人要求他到停靠在地中海城市摩納哥（Monaco）[20]、屬於一名百萬富翁的一艘遊艇上工作。他們要求他翌日就上班——於是，Alexandre 的假期就此泡湯。

Alexandre 的新上班地點（以及居所）是長 105 米的 Lady Moura 號——是停泊於摩納哥海港眾遊艇中最大的一艘。船主是沙特阿拉伯商人 Nasser Al-Rashid。船上有兩架直升機、四艘掛於舷外的小艇。遊艇共聘有 70 名員工，另有 7 名廚子，其中 4 位只為 Al-Rashid 和他的私人貴賓效勞。

---

20 摩納哥公國首都，也在里維耶拉海岸。

法式千層蛋糕。（圖片提供：iStockphoto）

在這裡，Alexandre 有機會一窺超級富豪的生活：「廚子當中，3 位為員工做飯、2 位菲律賓廚子專為主人煮阿拉伯菜，而我們 2 位法國廚子則煮西式菜。事實上，Al-Rashid 只吃阿拉伯菜，所以我們吃我們自己做的西餐。」

Lady Moura 大部分時間都停泊在摩納哥，每年的康城影展期間都會啟航赴會。Alexandre 說：「我被那財富（的力量）所撼動。船主有 12 名保鏢、一位醫生、一位司機。但你會習慣它，它也會漸漸變成『常態』。這有點像香港富人活在其中的泡沫——不乏傭人、司機使喚，經常光顧名店。那不是真實的生活。」Alexandre 在船上工作了 2 個月。

2006 年 5 月，Alexandre 回到香港，重投法國駐港總領事官邸，仍當其家廚。這次，他有額外的任務：擔任官邸管家；再者，由於官邸那老舊房子須進行大修，Alexandre 還兼任相關工程的項目經理。

Alexandre 的月薪已上調至港幣 22,000 元，此外領事還給他在香港仔區配一套住房，讓他有工作場所以外的私人起居空間。這次，他在總領事官邸工作了 4 年又 4 個月（直至 2010 年 8 月止）。

出去闖

這年的夏天，Alexandre 回到法國看望他那剛退休不久的父母。他告訴自己：是時候離開安穩的打工日子，出去闖闖——開自己的餐廳，同時專攻法式千層蛋糕。度假期間，他花了一個星期，到一位居於法國西北部布列塔尼（Brittany）的廚師朋友處學習烘焙這種蛋糕。

結果，Alexandre 帶著 2 大箱千層蛋糕回香港。他住在港島銅鑼灣富明街的一套房子。銅鑼灣是商業旺區，而該房子又是當中的黃金地段（靠近時代廣場和銅鑼灣地鐵站）。一天晚上返家時，他忽然注意到家住那棟樓的 2 樓局部空置。於是，他設法與房東聯絡，並成功以每月港幣 45,000 元的租金租下那空間。

那是一場豪賭，他既無銀行貸款，也無外來投資。他投進自己的部分積蓄，又從家人處集得一些資金；單是裝修工程便花掉他港幣 30 萬元。

（圖片提供：LinkedIn）

「這裡（香港）的人思想開放，
彼此沒有隔閡。
在這裡，我學到許多。」

「我告訴自己，要是生意不行，我會在 2 至 3 個月之後把它結束掉。最初的幾個月很難熬，朋友們來幾次就不再來。慢慢地，我們的名聲靠口碑傳開來了。我們不在傳統媒體或社交媒體做宣傳，經營壓力很大。一年之後，餐廳看到利潤了。」他每周工作 6 天，星期一休息。

2015 年 7 月，Alexandre 開了一家新公司——French Concept（「法式意念」），從法國進口、在香港和澳門分銷精釀飲料及有機飲料，包括蘋果酒、啤酒、白酒、烈酒，以及無酒精紅酒。之後，又再多開 3 家餐廳，（不過其後結束其中的 2 家，餘下的）一家位於上環磅巷（Pound Lane）的 Bouillon Bistro Parisien，經營至今。

在 La Fleur de Sel 幫忙打點生意的，是他太太。二人於一位友人的一次生日派對上初遇（當時女方在崇光百貨化妝品部任職），後於 2013 年結婚。

Alexandre 的顧客，4 成是外國人、6 成是本地人。他說：「本地人特別喜歡一再光顧，見見自己認識的人。」

更有在家的感覺

香港給予 Alexandre 各種在家鄉不會有的機會，對此他心懷感激。「這裡的人思想開放，彼此沒有隔閡。在這裡，我學到許多。」他說。

「當我回到家鄉時，我看到那心態是如何的不一樣。我的家人和朋友向我訴說他們的日子是怎麼過的，我注意聽。我沒告訴他們我在

這裡的生活。

香港的生活節奏很快，從來不會停下來。我很享受那種壓力，它迫著你想新的辦法、幹新的事。自從我來到這裡，越來越多歐洲的年輕人陸續來到。他們沒有甚麼『外派特惠薪津』（Expat Package），他們靠的只是自己的一雙手打拼，試試這個試試那個，就像那人們常說的那種『美國夢』。你可以選擇自己的命運。」

14

印度人在港執導首部寶萊塢電影

SRI
KISHORE

Sri Kishore（下稱 Kishore）是在印度南部一間平實警察宿舍房間的地板睡到長大的。作為一名電氣工程師，他在自己長大的那個地區的工廠工作了 10 年。

2021 年，他在香港推出首部「寶萊塢」[21]電影《我的印度男友》（*My Indian Boyfriend*）[22]。《我》片由他本人導演，製作團隊包括印度人和香港人。他同時用粵語、英語、印度的印地語（Hindi）和泰盧固語（Telugu）指導他的團隊。

電影花了 5 年時間製作。本來用不了這麼長，但一個印度人嘗試說服香港人投資給他拍片，本身已經不容易，再加上後來香港的社會事件，再後來是新冠肺炎疫情⋯⋯

從商業的角度看，該套粵語電影很成功：全港廣泛報導；電影院共放映了 80 場，上映超過 5 周。他們正用印度語言為電影配音，拿到印度、馬來西亞、新加坡發行。

這是他製作的第四部劇情片。接下來，多虧他的香港人太太，2021 年他正在寫他的第五部——*Buddha in Hong Kong*（《佛祖香江留》）。

童年

Kishore 1980 年 8 月 15 日（印度獨立日）在印度南部泰倫迦納邦

---

21 「寶萊塢」是 Bollywood 的中譯，這個新創詞參照 Hollywood 的中譯「好萊塢」（香港譯作「荷李活」），它是印度電影產業的第一大重鎮；當中的 B 指印度西部城市孟買（Bombay）。1995 年印度新政府上台後，推行去（英國）殖民地化，恢復該城的英文舊稱 Mumbai。
22 原名《我男友係好差》。

（Telangana）[23]、距該邦首府海德拉巴市（Hyderabad）90 公里的納爾貢達鎮（Nalgonda）出生。

Kishore 是一個屬於維什瓦婆羅門（Vishwa Brahmin）這個種姓[24] 的三孩家庭的長子。家族的祖先是金匠，他父親是一名警務人員，母親是家庭主婦。他說：「我們家裡很窮。不像其他公務員，家父從不貪污。其他（公務）人員在職業生涯的初期已經能夠買房子，但家父要等到他退休，拿退休金去置業。」

Kishore 全家都擠在政府提供的公寓。「一家人住在中等大小的房間裡。我們小孩哪兒都可以睡。」他們在當地一所私立英語學校上學，學費相宜。學校沒有體育或文化設施、沒有廁所——只有學科課堂。他學業成績全班最好。

Kishore 說：「教師以英語授課，但學生發問的時候就用當地的泰盧固語，教師回答時也用泰盧固語。」他愛跳舞和畫畫；但這些他只能在家裡做：在黑白電視前面練舞、和媽媽一起在門前台階用鉛筆畫畫——沒有色彩。

1992 年，Kishore 的父親把他送到一所也是以英語授課的大型私立學校，那裡有各式各樣的設備，他可以盡情跳舞和畫畫，並在這兩方面取得一些獎項。他說：「在這所學校裡，你必須說英語，甚至在操場上也要。這對我來說，頭 2 年是難的。」

---

23 「邦」是一級地方行政單位，相當於中國的省或美國的州。
24 「種姓」是印度的社會階層制度，以血統論為基礎，將人分為 4 個等級，當中「婆羅門」的社會地位最高。

電氣工程

1995 年畢業後，Kishore 父親建議他學電氣工程；由於自己沒有清晰的未來路向，他聽從了父親的建議，於是便開始了在這個行頭的 10 年光陰。

首先，他在卡納塔克邦（Karnataka，毗鄰他的出生地所屬的泰倫迦納邦）貝拉里鎮（Bellary）一所書院取得電氣工程文憑。他學習康納達語（Kannada，一種當地方言）。他說：「我真的很享受在那書院度過的 3 年。那是全新的生活，在一個陌生的城市認識新朋友。」

畢業後，他父親把他送到靠近他出生的納爾貢達鎮（Nalgonda），由伯父開辦的變壓器廠工作。廠裡所有職工都是 Kishore 所屬宗族大家庭的親戚。Kishore 把工資全數交給父親。

Kishore 回憶說：「工廠位於一座森林裡，我們所有人都住在廠區。伯父不許我們看電視或者電影，他想我們與外面的世界隔絕，那裡就像是一個監獄。他是一個極壞的管工，甚至不讓我們穿鞋子——他認為這是顯擺。」

在那裡的 4 年裡，Kishore 不時懇求父母讓他離開，但父親堅持他必須留下，母親則悄悄跟他說：「逃吧。」

Kishore 聽從了媽媽私底下的鼓勵，一天，口袋裡裝著 200 盧比（Rupees，折合約港幣 20 元），他跑到卡納塔克邦一個大型港口城市門格洛爾（Mangalore）。他在那裡一家電氣工程公司工作了 18

個月，然後轉往卡納塔克邦首府班加羅爾（Bangalore）一家同樣從事電氣工程的公司。新公司老闆答應他月薪 6,000 盧比（約港幣 600 元），但當他報到準備上班時，才發現實際薪金只有原先說的一半。

「在接下來的 8 個月裡，我吃不飽，變得很瘦。當我回到家裡，母親看著我，哭了。『留下來吧，想幹甚麼都可以。』她說。」Kishore 在家待了兩個月，體重慢慢恢復，開始教暑期舞蹈班。這時他父親又再強迫他到伯父的工廠幹活，換取生活費。

逃到電影裡去

Kishore 在廠裡又熬了 6 個月，孤獨、悲悽。他實在呆不下去，於是第二次出走。這次的目的地是海德拉巴（該市是繼寶萊塢之後印度電影產業第二大重鎮）。2018 年，印度共製作了超過 1,800 部電影，是好萊塢（577 部）的 3 倍有多。

Kishore 在一家電氣變壓器廠找到一份工資相當不錯的工作，但自己卻花越來越多的時間在電影上，終於在幾個月後辭掉工作。一個和他住同一棟樓、在多媒體行業工作的人教 Kishore 怎麼剪輯電影。

二人成為朋友，並合作邀請演員和攝影師製作 5 分鐘、10 分鐘的短片，提交給海德拉巴國際電影節。結果，所有影片都成功入圍、獲安排放映，並得到媒體的廣泛報導。

「參與製作這些影片，我一分錢沒賺。我靠積蓄度日。我不煙不

酒、不參加聚會。我到哪兒都不坐電車、不坐巴士，只是走路，
38 度的天也如此。我的朋友們都有諾基亞 1100 手機——最新的型
號。我沒有，我自得其樂。我沒有甚麼計劃或者想法。」

在香港起舞

2007 年，Kishore 的一位朋友移居香港，在中環蘭桂坊的 California
Fitness 教印度舞。朋友鼓勵他也來香港，說那是一份薪高糧準的工
作。一心要拍一部故事片的 Kishore 婉拒了邀請。他寫完了一部恐
怖片的劇本，為了安排和一位他看中、想她參演的女演員見面，他
用了 8 個月的時間。「她拒絕了，我非常失望。」無奈之下，他接
受了那位朋友替他張羅的工作。

2008 年 5 月 28 日，Kishore 生平第一次坐飛機，從海德拉巴飛到
孟買，再從孟買飛到香港，他的朋友在機場等他。「我從未見過這
些，一切都那麼高。我不知道街道哪裡才是盡頭，大商場從哪裡開
始。」

到香港後的頭 6 個月，他把精力投放在舞蹈班上——每周 16 小
時，月薪港幣 1.2 萬元；他住在朋友家裡。

「我在這裡過得很好。我花時間認識這個城市。那段時間，寶萊塢
很火，所以對一些人來說，我也算是個明星。」

他有空的時候，會和海德拉巴電影界的朋友保持聯絡，從而了解到
有關數碼相機的事。2008 年到 2011 年間，他積攢了 35 萬港元；

他拿這筆錢在他老家納爾貢達鎮買了一套不算大的房子。

Kishore 返回印度，聯同一班志同道合、同樣熱愛電影的朋友製作他的故事片處女作——片長兩個半小時的神秘驚悚片 Sasesham。製作成本要 40 萬港元，由於他沒有錢，便找朋友資助。「商業上那電影是成功的，賺了港幣 120 萬元，但發行商騙了我們。朋友們能收回他們的出資，但賺不了錢。」

愛之花越洋綻放

2011 年，Kishore 再回到香港，繼續掙錢。他在 Physical Fitness 擔任舞蹈老師。他的其中一位學生、香港女子 Fanny 吸引了他，二人開始約會。

但 Kishore「拍片成癮」，未幾，他在香港開拍自己的第 2 部電影——恐怖片 Bhoo。他在教授跳舞的同時，也在拍電影，這使他精疲力竭。拍電影耗盡他的積蓄——25 萬港幣。「Fanny 勸我別花自己的錢。她對電影不是十分熱切，但明白我、支持我。」她是一位會計師。

Kishore 和 Fanny 於 2015 年 1 月在香港結婚。Fanny 的父母出席了婚禮，但 Kishore 的父母則沒來。「Fanny 一家歡迎我，我們在生日拜訪他們、在中國人的春節向他們拜年。我岳父請我喝威士忌、管我叫『阿贏』，因為我是個贏家。」Kishore 後來把父母從印度帶來香港，讓他們和太太及親家見面。

熱愛拍片的 Kishore。（圖片提拱：受訪者）

兩夫婦一起到過海德拉巴。Kishore 說：「她喜歡這城市、享受在那
裡購物。」二人育有一個兒子，叫 Vishwa Virat。媽媽和兒子說廣
東話，爸爸就說英語和泰盧固語。孩子還上網學印度音樂，Kishore
繼續當音樂教師。

2017 年，Kishore 飛回海德拉巴，在那裡逗留 2 個月，製作他的第
3 部電影——動作片 *Devi Sri Prasad*。他募得製作費港幣 4 萬元，這
部電影在商業上也很成功。

在香港拍電影？

往返海德拉巴和香港，十分磨人。朋友建議他不如在香港拍一部電影。「我想那太難、太貴。我沒有廣東人的人脈。這裡有那麼多製片人，為甚麼會有人想看我的電影？所以，我腦子裡就想到不如拍一部本地導演拍不了的寶萊塢電影。」於是，從 2015 年開始，他斷斷續續地寫劇本，寫到 2017 年。

募集所需的港幣 300 萬元，是一項巨大挑戰。「人們說，你不會說廣東話，又不會寫中文。他們只給我一次見面的機會，沒有第二次。身為印度人，事情變得不好辦。我首先要讓人們相信我，然後再談意念。我對每一個人說，我說啊說啊說啊。」

最後，他找到願意投錢的中國人，於是他可以開始準備拍攝。

《我的印度男友》

電影的故事是這樣的：一個閒著沒事幹的印度男孩 Krishna 愛上了鄰居女孩 Jasmine，後者是一位自力更生的香港女生。Krishna 由一位在香港出生、能說流利廣東話的印裔男子 Karan Cholia 飾演；Jasmine 則由本地著名女演員陳欣妍飾演。

Jasmine 的母親希望女兒嫁給一位有錢（但戴種族有色眼鏡）的男子；Krishna 的父親則希望兒子專注掙錢。「我想營造一種人人都覺得跟自己有關的衝突。那是一部浪漫喜劇，對政治問題我們輕描淡寫。」他去印度招聘 10 人來香港，再在香港招聘 25 人組成他的製

上｜Kishore 指導演員演戲。（圖片提供：受訪者）

下｜電影《我的印度男友》製作團隊和演員。（圖片提供：受訪者）

作團隊。

「我想，故事有 2% 靈感來自自己的愛情故事。我很幸運，太太是本地華人，觀察我們的家人怎麼互動，讓我有第一手的體驗。」

由於那是一部寶萊塢電影，歌與舞非常重要。電影裡有 7 個歌舞段落（包括一場有 55 個人在中環遮打道進行的場面）。社會事件阻延了拍攝，然後又爆發新冠肺炎。

最後，拍攝工作在 2020 年 7、8 月中的 30 天完成。有些拍攝地點必須事先得到警方和消防當局的批准。在公共道路拍攝是可以的——前提是不會妨礙交通或滋擾公眾。

「因此，我們在清晨車少人少的時段拍攝。我們學會了和警方周旋的竅門——說帶濃重外國口音的英語。他們會認為你是外國人，會很麻煩，不如隨你怎麼弄。大部分警察的英語都不靈光。此外，很多人都不敢和外國人交談。」

拍攝時，他們印地語、泰盧固語、英語和廣東話都會用上。

2020 年 12 月，Kishore 再回到海德拉巴，作進一步的拍攝，並花了一個月進行後期製作；2021 年 1 月 3 日返回香港，接受 21 天檢疫隔離。到 2 月，他向香港一間電影公司展示該片，得到後者的接納。

電影的廣東話版本於 5 月 27 日上映，5 個星期共放映了 80 場，廣受香港媒體的報導，商業上十分成功。電影又出版印地語、泰盧固

「我想把香港演員介紹給印度市場，也把印度演員介紹給香港。這可以是香港電影業前進的方向。」

語和泰米爾語的版本，陸續在馬來西亞、新加坡和印度上映。

「對香港和印度電影業來說，這是透過以最佳方式融合文化、一次富有成效的經驗。通過這部電影，我想把香港演員介紹給印度市場，也把印度演員介紹給香港。這可以是香港電影業前進的方向。」

《佛祖香江留》

這段時間，他一直每周教 10 個小時印度舞。幸好，他的僱主容許他請假拍片。

「現在，我的體能下降。我寧可每星期教 2 個小時舞，然後當個全職的電影導演。我寫了部搞笑的罪案驚悚片 —— *Buddha in Hong Kong*。我的電影不牽涉政治，只說有關罪案、愛情和人性的故事。

只有熱切的製作人投身，才會有本地電影製作。巴基斯坦人和印度人都有他們自己的故事要講。我有很多故事要講。」

對香港，他百感交集。「這是個好地方，但這裡的人要更開放。我沒得到印度人社群的支持，我很少和印度人交往。我屬於中國人的社群 —— 我太太和她的家人、我的學生、我的朋友。」

展望前路，他和家人或許會回海德拉巴去。「那裡沒那麼貴，彈性也比較大。」

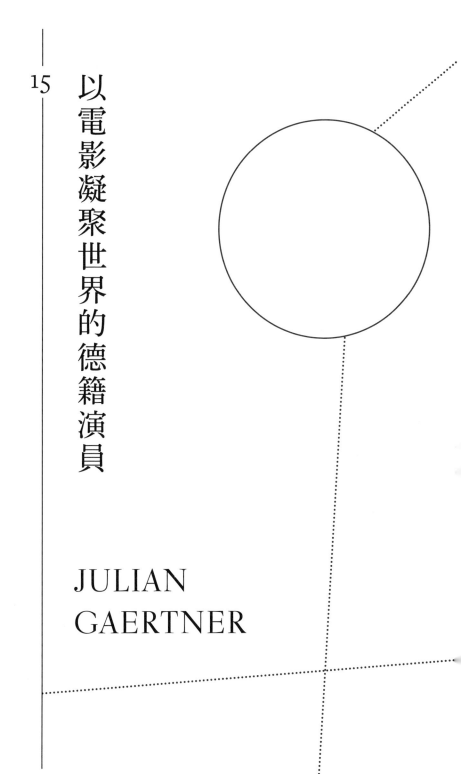

15

以電影凝聚世界的德籍演員

JULIAN
GAERTNER

改變 Julian Gaertner（下稱 Gaertner）一生的時刻，出現在 2006 年一個夏日。這個德國人正與一位朋友坐在德國漢堡港一艘郵輪上，那船載著旅客，準備駛往挪威海岸作一夜遊，讓旅客飽嘗釣魚樂，欣賞大自然。

Gaertner 回憶說：「船上我看到一班中國人在玩撲克牌。他們很投入、玩得歡，嘴裡邊嗑著瓜子，邊說著笑話。我從未見過中國人那麼放鬆、那麼開心。我過去碰到的總是一本正經、刻苦內斂。這讓我思考一個問題：『人類都是一模一樣的嗎？』」

那次的經驗促使他來到中國，學說廣東話和普通話，看看是甚麼令那些玩撲克牌的人笑啊叫啊。

現在，15 年後，Gaertner 住在香港離島坪洲一座樓高 3 層的別墅。那是租來的，他想買下。他是香港粵語電影界最知名的外國演員，曾飾演過說廣東話的皇帝、一隻鬼，以及常見的「鬼佬」角色——比如一個醉酒的歹毒警察。

Gaertner 有一個頗有詩意的中文名字：易宇航——聽起來像「姓易的宇航員」。「易」不是一個常見的中國姓氏。據查，中國人中，每 140 萬人才有一個；此外，沒有外國人會選這個漢字做姓，那是 2009 年深圳一位普通話女教師替他起的。「易」，是《易經》（華夏上古時代一部闡述天地世間萬象變化的經典）中的那個「易」。（女教師的名字有個「魚」字，是大自然另一重要元素）。

飾演浪漫劇主人翁

在 Gaertner 的童年，沒甚麼可讓人看出來他走這條人生路。他 1987 年 12 月 8 日在德國巴伐利亞州首府慕尼克（Munich）出生，是一位耳鼻喉科醫生的 4 個孩子的其中一個。父親管理一家有 30 張病床的私營診所——Gaertnerklinik，那是 Gaertner 的祖父於 1960 年代創立的。

Gaertner 的父母思想很開通，把他送到私立的華德福學校（Waldorf School）的高中（相當於英國的 A Level），選修 8 個科目。

「那是一所在多方面培育學生的學校，除常規術科外，學生還有機會學習社交、農耕、環境和木工等實習課。」Gaertner 說。他熱衷體育，尤其酷愛足球。

但他的至愛是演劇。他扮演挪威劇作家易卜生寫作、於 1876 年首演的浪漫劇《培爾·金特》（*Peer Gynt*）中的主角。學校劇團到德國各地作巡迴演出。

「我父母沒有迫我，他們讓我做我想做的事。我 16 歲那年和一位朋友的一次閒聊，引發我說服自己要認真對待學業，別純粹『瀟灑應付』。我的數學很差勁，所以不喜歡它；但我急起直追，慢慢喜歡它。我對自己的人生負責。」

2004 年，Gaertner 看了由香港導演王家衛執導的浪漫電影《2046》，又看了李小龍和成龍主演的不少電影，所有這些都鼓勵他朝著演員

之路挺進。

2006 年，為了改進自己的英語能力，Gaertner 跑到位於加州聖迭戈市（San Diego）一個寄宿家庭寓居了 6 個月。他解釋說：「那是學校一個交換生計劃的安排，我的英語學得很快（對一個德國人來說，那很容易——不像中國孩子）。」

他在郵輪上的猛醒，促使他連續 3 年（2006 至 2008 年）的夏天到深圳大學參加一個為期 3 個月的暑期課程，學習普通話；他也報讀香港大學的相關課程。

父親有否要求 Gaertner 學醫，然後接手家族的診所？「年輕的時候，我在那裡工作。我發覺這一行當『過於可預測』。家父很開明，他容許我學中文、學中醫藥，去香港大學唸書。醫科課程要學 7 年，我妹妹後來也成為醫生，在診所裡工作。」

Gaertner 於 2007 年轉換學術方向，在港大修讀政治科學、新聞傳播和地理學，先後取得何金梅英獎學金（Rosita King Ho Scholarship）和一項國際本科交換生獎學金（HKU Worldwide Undergraduate Student Exchange Scholarships）。

「擺在面前的選擇是：到底是走經濟的路向，成為一個經濟人——為『摩根』（J.P. Morgan）打工，還是走藝術路。走後一條路，你可能會一沉不起、活不下去。」

學廣東話

學普通話的老外很多，學廣東話的很少。那麼，是甚麼推動Gaertner 放手一搏？

「無論你住在甚麼地方，你都想說那個地方的話。直接跟當地人溝通，那感覺很奇妙。我住的大學宿舍大部分宿生都是香港人，我希望自己屬於這裡、被這裡接受。在足球場和棍網球（Lacrosse）場上，每個人叫喊的，都是廣東話。」

Gaertner 是認真的：他借助德語的發音，創造自己的標音體系；他報讀港大專為來自內地的學生開辦的粵語課程。「很多內地人都學，學得比我快。當你（用廣東話）跟廚師、侍應生、的士司機交談時，你和他們會有深得多的連結。」

事實證明，Gaertner 對粵語的駕馭程度，對他在香港電影工業（尤其是在電視廣播有限公司，即 TVB）站穩腳跟，起了相當關鍵的作用。

「當你身處拍攝現場，人人都在說廣東話。你會聽到一些英文單詞——例如『屏幕』簡作（粵音的）『芒』（Monitor 的 Mon）、『開機』唸成（粵音的）『撈機』（Roll the Camera）。說廣東話，可以讓在場的每一個人盡情工作，不致緊張。你可以投入現場的氛圍。」

上海博覽會

2009、2010 年，Gaertner 本可走一條不一樣的事業路。自 2009 年 1 月起，他到德國駐上海總領事館當實習生。他穿上西裝，以總領事館人員的身份出席各種外交活動；他為總領事館寫新聞稿、為外交官寫演講詞、協助籌辦外事活動。

Gaertner 也協助總領事館為德國參展中國 2010 年上海世界博覽會（5 月 1 日至 10 月 31 日）做準備。展會期間，德國館將設一個題為「動力之源」的多語種互動展廳。2010 年 2 月至 9 月期間，他與一支負責設計、管理、呈現該展廳展示內容的團隊緊密合作，並擔任當中環節的主持及展覽的講解員。展期的 6 個月內，展廳錄得日均 2 萬人進場，最終，德國館奪得「主題演繹金獎」（上海世博第一獎）。

他本可繼續穿他的西服，成為一名外交官或者顧問，但他決定走另一條路。

創業

2012 年，Gaertner 完成在香港大學的學業，取得學士學位。他畢業後馬上創辦名為 Live It China Limited 的公司，並擔任它的首席執行官。公司開發的「LiveitChina.com」，是一個有關學習中國語言的免費開放社交平台，容讓用戶分享他們的學習經驗，引領用戶走完從零到學會的整個學習過程。他耕耘了 4 年，然後於 2015 年把公司賣掉。

自 2011 年起，他利用課餘和工餘的間隙時間，做兼職演員——2010 年 3 月至 2011 年 3 月期間擔任亞洲電視的兒童節目《通識小學堂》中「Angel's World」環節的主持之一（該環節以趣味手法介紹不同文化的飲食和習慣）。

2015 年，他成為 TVB 的全職演員。開始時，他飾演「鬼佬」（例如喝醉酒後輕薄華人女子的洋警察），後來發揮機會漸多，包括飾演中國人！他的廣東話能力是個關鍵；此外，所有劇本都是中文的。

Gaertner 說：「在 TVB，製作的節奏十分快。那是一家傳統的公司，沒有明文規則、沒有工會。你必須按他們的方式行事。我在那裡學了不少東西，也犯了不少錯；我還賺得拍廣告的合約。」

Gaertner 飾演的角色，包括外國大使、《唐人街》[25] 中與兩個華人家庭結成好友的邪惡美籍水手、《降魔的 2.0》中一隻來自古代仿冒畫作的惡魔。《降魔的 2.0》是他在香港最為人知的電視角色，他也因此收到香港、內地和加拿大（華人社群）粉絲的電郵。「我喜歡和粉絲溝通。這是香港的獨特性：一個多種語言、不同文化並存的城市。」他說。

位處山頂的居所

2011 到 2016 年間，Gaertner 住在香港仔和堅尼地城的狹窄公寓，後於 2016 年搬到離島坪洲小山上一座 3 層高、合共有 6 個房間的

---

25 劇集後來改名為《鐵拳英雄》（The Righteous Fists）。

上｜Gaertner 在電影《追龍》飾演英籍督察。（圖片提供：受訪者）

下｜Gaertner 在電視劇《降魔的 2.0》飾演「大話魔」比利。（圖片提供：受訪者）

房子。島上沒有汽車行走。

「我每月支付港幣一萬元的租金,我想把它買下來,那要 300 至 400 萬。我和房東的關係不錯,他教我中國哲學,包括莊子思想。」

房子配置了電腦、拍攝和剪輯設備,故 Gaertner 可以在家工作。他享受那小島的祥和寧靜,閒來會徒步或騎車到處探索,偶或到沙灘游泳。

住在坪洲甚麼都好,唯一的缺點是往返住處和位於將軍澳的 TVB 電視城,單程要 90 分鐘,幸好「拍攝地點往往是在城裡的某處,路程會短些」。

經過此前的離離合合,Gaertner 最終和一位香港女子培養出穩定的感情,她理解和支持他的願景。現在,他們分別在坪洲和中環的居所共處。

和德國的連繫

至今,他仍和在慕尼克的家人維持著緊密連繫。「幾年前,家父做了心瓣置換手術,換掉其中一塊心瓣,但這帶來各種問題。2020年,他的心臟再出毛病,我很擔心,於是回祖家看望他,他現在好多了。我接手了他部分的工作。」

2021 年,Julian 的父親已屆 69 歲,已經處於半退休狀態,但仍到診所上班——進行日常管理之外,還研發新的治療法。老 Gaertner

已把診所的機構性質轉變為一個由政府擁有的基金。老 Gaertner 從事的專業偏向保守，但頭腦卻甚開明。

2020 年，Gaertner 向父親推薦一位曾在四川修讀中醫藥、後來到德國專攻耳鼻喉專科的華人醫生，老 Gaertner 乃聘他為診所僱員。診所現在提供針灸和其他傳統醫學治療。診所還提供音樂治療及（免費）手機成癮治療。

「家父主診由壓力、問題生活方式和惡劣人際關係造成的病。他採取跨學科治療法。我鼓勵他，但這產生了他和其他醫生以及保險公司之間的矛盾。他們說這些新法沒有科學依據。

我妹妹在德國唸完整個 7 年醫科課程之後，成為醫生，所以比較保守。她和家父之間經常鬧誤會，要由我來充當『和事佬』。」

把世界凝聚一起

展望將來，Gaertner 希望繼續以香港、以他在坪洲的居所為基地。他認為「一個演員不應該只有一個居停，他應該走出去，找新的地方」。

Gaertner 希望製作自己的電影。為達成此目標，他正借助一些總部設於香港的歐洲基金以及香港沙龍電影有限公司（Salon Films）提供的資金，組建一家製作公司，另外又正申請香港政府面向相關行業的支援基金。「我們在澳門、內地、香港和德國都有製作人，但新冠肺炎影響了項目的進度。」

「無論你住在甚麼地方，
你都想說那個地方的話……
我希望自己屬於這裡、
被這裡接受。」

Gaertner 已寫完一套分 8 個部分的功夫片劇本，每集一小時。「主角在他前世中醒來。」他說，「作為一位演員兼製作人，我可以最大限度地實現我自己的藝術價值。」

此外，他在 2021 年推出一個幫助語言學習者配對外語學習夥伴（中、英 2 種語言）的全新應用程式——fylp（find your language partner）。

他關注到香港有可能實施對藝術和文化創作施加限制的政策。「當然，純粹的裸露，或者鼓吹民粹主義的，確實應該限制；可是，如果藝術變得沉悶乏味，便會喪失它的原有功能。你能怎麼發揮創意？

香港的角色，是在電影、廣告、全球關係、文化和哲學等方面保持創意、多種語言共存並用。所有這些，這裡的人能做得到。」

Gaertner 總結說：「我想講故事、想讓各色人等走到一起並成為朋友。藝術和電影能啟發很多人，凝聚整個世界。這十分重要。我們是橋樑，透過娛樂，把不同的文化拉到一起，難道不是最大的榮幸嗎？」

16

關顧傭工健康的菲律賓醫生

MIKE
MANIO

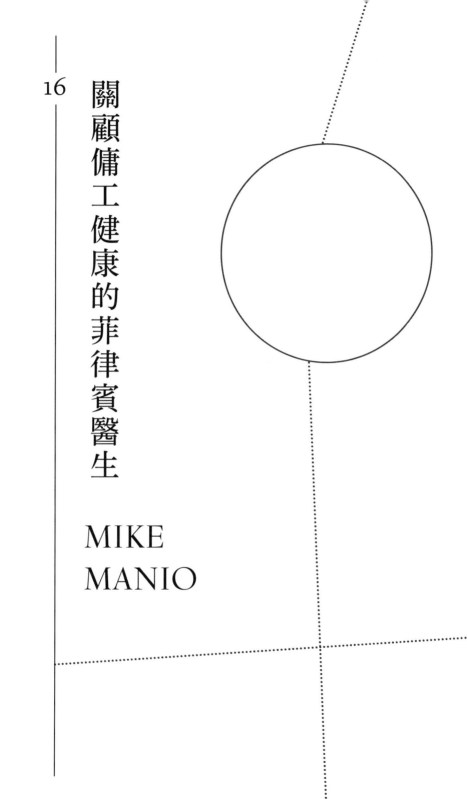

2010 年 8 月 29 日（一個星期天），麥克・曼尼奧醫生（Mike Manio，下稱 Manio）來到香港。他看到數以百計女士炎炎夏日之下坐在馬路旁、行人道上鋪著的一張張紙皮上。慢慢地，他知道她們都是自己的菲律賓同鄉。

自那天起至今的 11 年裡，他付出大量時間和精力幫助她們：他組織與健康、營養和傭工權益有關的課堂，現在更在線下（九龍一家診所）及線上向身處香港、印尼、新加坡、科威特和沙特阿拉伯等地約 3 萬名菲律賓同胞提供健康相關信息和建議。

「我相信神差遣我來，有祂的理由──幫助家庭傭工。我來之前，原先是計劃升學、發揮最好的我；但香港為我打開了大門。我在香港追求我的教育、發展事業和社交技巧。我希望我教的人會善待他們的女傭。」

火山和颱風

Manio 1977 年 5 月 8 日在菲律賓呂宋島（Luzon）中部的邦板牙（Pampanga）省出生，其地距首都馬尼拉 70 公里。他是一個中等家庭 2 個兒子中的老大。

Manio 的父親自 1974 年起就在一家國際貨運公司的貨輪上當海員，直至 2000 年初退休。期間，他每年僅休假返家逗留 2 至 3 個月。「在我還是個小孩的那個年代，沒有互聯網這回事。每當家父的船將要停靠某個港口，家父會從船上來電話通知日期、地點，我們要坐『吉普尼』（Jeepney）[26] 到那個地方。

家母身兼父職。她僱了一位私人補習老師輔導我們學校的功課，她說我們必須出類拔萃。如果我們通過考試並得獎，她會獎勵我們。家父其實不想到海外工作，每次爸爸要起行，他和媽媽都哭。」

1991 年 6 月 15 日，離 Manio 家不遠的皮納土波（Pinatubo）火山爆發，熔岩流遍周邊地區。那是繼 1912 年美國阿拉斯加州諾瓦魯普塔（Novarupta）火山爆發之後，20 世紀規模最大的陸地火山爆發。

Manio 的家有一半埋於火山泥流之下，結果家裡找到一處離家一個小時路程的地方，租來暫住，也因此 Manio 要入讀另一所學校。「此外，每年都有好幾個颱風吹襲菲律賓，每次總會為我們家 2 層高的房子帶來一米深的海水。所以，我們必須把重要的物件放在 2 樓。但我父母喜歡我們住的那一帶，不願意搬到別的地方去。」

起初，Manio 希望受訓當一個律師，但他父母反對，理由是：在一個很多事情都用槍解決的國家，很多律師都成為暗殺的目標。他們反建議 Manio 以醫生為目標。在求學階段，Manio 熱衷課外活動，例如舞蹈、歌唱和戲劇。1998 年，他成為全國學校議會的會長；又到訪中央政府參議院，認識了不少政治領袖。

上大學，路途往返須 4 小時

邁向取得資格的旅途，既長又費勁。1998 年，Manio 在離他家一個半小時路途的紅溪禮示大學（Angeles University，又譯作「安吉利斯

---

26 一種由吉普車改裝的特許經營小型公共汽車。

大學」）開始他的學醫旅程。在完成基本醫學訓練，並完成在聖潔天使大學（Holy Angel University）的實習後，他在 2005 年成為護士學校的全職助理教授。

此外，Manio 又報讀了馬尼拉的聖多默大學（University of Santo Tomas，又譯作「聖托馬斯大學」）。到那裡上學，就意味著要每周 3 天從家鄉邦板牙到馬尼拉，從傍晚 6 時開始，上 3 個小時的課，一去一返，還要坐上 4 個小時的公交車。2008 年 5 月，他以優等生的成績在聖多默大學畢業，取得衛生專業教育碩士學銜。

然後，Manio 獲頒校長獎學金（Presidential Scholarship），幫助他到菲律賓大學進修醫學深造課程。進修期間，他得悉一位來自香港大學的教授正物色深造課程的學生。久仰香港大學盛名的他，向該校申請入學並取得成功，更取得進修醫學博士的獎學金。那是 2010 年的夏天。「我對香港是零認識——除了迪士尼樂園和海洋公園之外。」

坐紙板的人

Manio 在 2010 年 8 月 29 日抵達（赤鱲角）香港國際機場，口袋裡有港幣 2,000 元。一位上過他的課，也是他聖潔天使大學同事的表親接他的機。由於在家鄉找不到工作，她來香港當家傭。

Manio 來得不是時候：對旅居香港的菲律賓人來說，那也是最差的時刻——6 天前，馬尼拉發生了一宗劫持旅遊巴事件，劫匪是一名充滿怨氣、有充足武器裝備的前警察；被劫持的則是旅遊巴上的人

攝於香港大學校門前。（圖片提供：受訪者）

（其中 22 人是來自香港的遊客）。經過了一輪僵持，馬尼拉警察隊
向旅巴發動進攻，劫匪還火。經過一個多小時的槍戰，劫匪和 8 個
香港人當場喪命。香港人普遍認為馬尼拉警方把營救人質行動搞砸
了，要追究菲律賓政府的責任。

當 Manio 和他的朋友開車駛經中環，他看到人們抗議菲律賓政府的
示威活動。「如果有人問我，我會答說我是墨西哥人、泰國人或者
馬來西亞人，反正不是菲律賓人。」

另一個吸引他目光的現象，是數以百計的年輕女士在炎炎夏日之
下，坐在馬路旁、行人道上鋪著的一張張紙皮上。我自言自語地
問：「她們是誰？街頭露宿的？」朋友解惑說：「不，那是菲律賓傭

工，這是她們一個禮拜裡唯一的一天休假。要是她們留在僱主家，僱主會如常叫她們幹活。所以她們必須外出——坐在街道上又不花錢。」

Manio 入住港大的利瑪竇宿舍（Ricci Hall）[27]，在接下來的 2 年裡，他都會住在該宿舍。開始的幾個月是困難的。來香港之前，他對這裡生活水平之高，一無所知，很快就阮囊羞澀；他也沒有信用卡。因此，「我出席不同會議、研討會，為的是免費飯餐。」到了那裡，「我誰都不認識。人人都問我是不是司機或者傭人。我內心很受傷害。」他說。

「在我們的實驗室裡，沒有人邀請我共進午餐，我總是一個人吃。我以前的學生約我去中環和灣仔的酒吧、夜總會，我不想去。我怕會被警察抓，敗壞了港大的名聲。」

後來，一位同事介紹他認識幾位在瑪麗醫院短期工作 3 個月的菲律賓醫生。自此他和後者成為朋友，一起聚餐、周末一起去遠足。

Manio 終於安頓下來。他發覺在港大的學習獲益良多，富有成效。他於 2014 年畢業。大學的學生事務處用一年合約聘請他，職責是教學生怎樣為將來到社會工作做好準備。

2012 年，他在一次研究比賽中獲得一個獎項。這事引起菲律賓駐港總領事的注意，後者邀請他逢星期天到總領事館，主持面向居港

---

27 由耶穌會創立的學生宿舍，舍監皆由耶穌會委派神父擔任。

Manio 關注居港菲傭，周末經常探訪她們。（圖片提拱：受訪者）

菲傭的健康衛生講座。開始時，來聽的大概有 30 至 40 人。

賦權

這就開啟了一個將在未來 5 年中消耗他不少時間的項目——他用
許多個星期天到街頭巡訪，跟女傭談話、向她們傳播知識。他察覺
到她們對學習和自我改善有一種渴求。她們之中有不少都有良好的
教育，甚至取得本科畢業資格，奈何本國缺乏就業機會，她們被迫
到外地打工。

2014 年 11 月，Manio 創辦 Domestic Workers Empowerment Projects

（家庭傭工賦權計畫，簡稱 DWEP）[28]，為家傭們安排關於日常健康和營養的實務、基本權益和賦權、大自然欣賞、健體、表演藝術等的課堂。「我們的宗旨，是提升她們的知識和技能、幫助她們融入香港的生活，以及為此後的生活早作籌謀等。」

由於總領事館的地方有限，他嘗試向港大提出，能否使用大學的教室。「起初，他們婉言拒絕，說那些女士不是付費學生；況且星期天開放教室，隨之而來的是保安、額外人力，以及其他開支等。」

其後，大學方面軟化，同意租出教室。不辦猶自可，一辦不得了。報名者蜂擁而來，有些課堂的人數多達 600 人。Manio 邀請他的大學同袍就他們各自的專長開講，講題主要圍繞身心健康和傭工權益。

「家傭進入校園的時候，感觸流淚：那是她們一生人第一次來到香港大學，這說明這大學不單是為有錢人和精英而設。有的說，她們的僱主是港大畢業生，完成課程後，僱主會對她們刮目相看。」

但資金永遠是個問題。大學每月僅給他港幣 12,000 元，作為課程經費。他必須依賴個人和公司捐款支持。課程一直延續至 2019 年末——當時的社會事件，令面授課堂難以繼續。

診所：線上線下

2020 年 8 月，他從 DWEP 引退。「2 位同事在這裡（指九龍漆咸道

---

28 此計劃已於 2018 年易名為 EmpowerU。

Manio 帶家傭們到訪塔門天后寶樓，幫助她們體驗香港的生活文化。（圖片提拱：受訪者）

北）開辦了一間診所，邀請我加入。我認定自己在醫療方面更能夠幫助我的同胞。」

世善醫務中心（All Grace Medical & Well Person Clinic）於 2020 年 8 月開業，客戶大多是旅居香港的傭工（佔病人總數的 70%）；其餘的病人中，有 20% 是中國人、10% 是在香港定居的菲律賓人。

「世善」的做法是：首次求診，免收診金；第二次則收取港幣 200 元。Manio 的 2 位醫生同事都是中國人。「自開診以來，我們已累積了大約 2,000 名病人，他們多半在周末來。我專注健康教育和預防醫學——那是至關重要的。」

自 2020 年 2 月起，Manio 就積極地運用活躍於 YouTube 和 Facebook 平台發布信息，對象都是家傭，但不僅限於香港的，而是面向全球。「我在那兩個平台共有大約 3 萬粉絲，其中有些在科威特、沙特阿拉伯、新加坡、印尼和英國。我們的內容用英語，也用他加祿語（Tagalog）[29]。我們接受廣告，以開拓資金來源。」

傭工的困境

Manio 說：「傭工們離鄉別井到香港來，要付出巨大的代價，如果家鄉能找到生活，她們不會離開家鄉。他們選這條路，為的是讓子女有機會接受教育。可是，那些來了的，幾乎有一半因為夫妻分離，家不成家，導致婚姻失敗。她們照顧僱主的孩子（如果不是照顧孩子，就是照顧貓狗），而不是照顧自己的孩子。」

偶爾才回鄉探親，意味著家庭不能維繫。在菲律賓，天主教教會擁有巨大的影響力，天主教的教義不允許離婚，所以這些女傭不能再婚。

大部分合約容許每兩年享有一次探親假；有些情況是 4 到 6 年。比這更壞的是，當她們來到香港時，已經欠下中介公司一筆債，經常回鄉只會增加負債。

「對她們的痛苦，我深有體會。家父一生中大部分時間都在海外工作。有些人向我訴說她們的精神煎熬。」

---

29 菲律賓國語以此為基礎。

但菲律賓經濟狀況欠佳、失業率高企，表示將有越來越多人希望到海外打工。Manio 說：「香港是最受歡迎的選擇，比沙特阿拉伯和其他（波斯）灣區國家更受歡迎：它最接近家鄉、最容易成行、較不危險——在那些（灣區）國家打工，有被虐待或被強姦的可能。這種種因素加起來，令她們當中有不少人不想回國，因為她們回國找不到工作，也創不了業。

有些 30 多歲就來了，一留就是 30 年；有人退休回菲律賓，62 歲了，和一個從小就認識的朋友結婚；另一位幸運遇上一位好的男僱主，當她退休時，僱主在菲律賓買了一套房子送給她。

應該有一套整全的計劃，不應該讓她們等 20 至 30 年，等到要組織家庭已經為時已晚的時候。我勸她們要存錢，要練就她們將來回國之後能派上用場的技能、為她們和家人的未來做好準備。」

獨身

過去 11 年，Manio 一直和數以千計的年輕菲律賓女子相處；他從事體面的職業，是非常理想的終身伴侶……但他保持單身。

身為虔誠天主教徒的他說：「一個專業人士必須有自己的界線，我一直持守這條界線。大部分離鄉傭工都已婚，家人都留在菲律賓。我要時刻記住我的核心價值。」

Manio 計劃在香港再留 10 年。「此前我經常說我會留 3 到 4 年，但現在我傳授知識，想繼續做我所做的。香港是我第二個家，我交了

「香港是我第二個家，我交了不少朋友；對香港和菲律賓人作出貢獻。」

第二章｜尋找工作及學習機會

不少朋友；對香港和菲律賓人作出貢獻。」他現在住在大概 600 平方尺的單位。「我沒有請傭人。地方太小，我自己打掃。」

Manio 的父母思想開通，沒有要求他回去——他們讓 Manio 自己決定。他弟弟是一家食品公司的亞太地區經理，住在菲律賓，有 3 個孩子。

當 Manio 最終離開香港時，他可以回到菲律賓，或者到加拿大或美國——他在那 2 個國家都有親戚。他把一生所經歷的考驗視為一種磨煉。「當我初來香港的時候，如果有人侮辱我，我會很惱火，但我不會和他們爭論。我希望看到人人充滿正能量。

當我還在菲律賓上小學和中學的時候，我被同學欺負、侮辱。這給了我力量和決心，要做到最好。2019 年，我回到學校接受一項『最有成就校友』嘉獎。台下的來賓中，包括了那些揍過我的人。我在發表得獎感言時，公開感謝他們。」Manio 說。

因愛之名

Chapter. 3
IN THE NAME OF LOVE

17

喇沙會修士作育英才逾半世紀

BROTHER
THOMAS LAVIN

從 1965 年 9 月開始，譚瑪士修士（Brother Thomas Lavin）就在香港喇沙書院（La Salle College，位於九龍城區）任教，過去 56 年，他先後擔任這所香港喇沙修士會（De La Salle Brothers）名校的教師、體育課主任和校長（1999 至 2004 年），目前他擔任該校校監。曾接受他春風化雨的學生數以千計——後者或留在香港，或移居海外發展，貢獻遍及全球。

2022 年 1 月是該校創校 90 周年誌慶，校友們薈萃一堂，向譚瑪士及其他歷年為培育他們而奉獻一生的愛爾蘭修士們致敬。書院塑造了他們的人生、給予為他們在香港或海外不同國家開拓事業前路所需的教育、技能和流利英語。

譚瑪士每年都返回他的愛爾蘭家鄉，看望家人和喇沙會的同修，但無意在那裡長住：「我不打算在愛爾蘭退休，香港是我的家。」

除香港外，他的事工還遍及尼日利亞、聖城（耶路撒冷）和馬來西亞。

譚瑪士 1943 年 6 月 16 日生於愛爾蘭西部羅斯康芒郡（Roscommon）一個人口約 1,000 人的小鎮——巴拉哈德林（Ballaghaderreen）。他在家裡 4 個孩子中排行最大；父親在一家五金店工作，在職業生涯中的最後 15 年，他轉到當地一家銀行當雜役，是這家銀行給他發養老金的。

「幸好，家父是個很勤奮的顧家男人。家父從來滴酒不沾（愛爾蘭人美稱這種人為「Pioneer」）。他終身在家鄉鎮裡打工，他和家母

悉力照顧我們。我們家有個花園，我們在那裡種土豆、蔬菜。1950
年代的愛爾蘭，沒有人稱得上富有，但我們活得舒坦。」家裡在鎮
外租了一片沼澤地，孩子們跟著父親到那裡挖泥炭，然後運回家當
取暖和煮食的燃料。

譚瑪士父母是非常虔誠的天主教徒，父親每天到教堂望彌撒，每晚
家人共進晚餐後都唸《玫瑰經》。

對巴拉哈德林鎮的年輕人來說，當地沒有多少工作崗位可以提供，
卻幸好有由教會管理、非常棒的學校。譚瑪士入讀當地一所喇沙修
士會辦的小學。喇沙會是一個由法國人於 1680 年創辦的教會，該
會以辦好教育為職志。

在學校學習的最後一年，譚瑪士聽了由喇沙會派來的一位修士有關
鼓勵同學加入教會的演說。譚瑪士說：「那場演說感動了我，我決
定參加。」當時他只有 14 歲。後來，他其中一個弟弟也決定要成
為一位神父。他父母感到欣慰。

「1950 年代，大部分的學生都外出發展，鎮裡只有少量工作崗
位。加入一個宗教機構，會是個很好的選擇。身為神父、修士或
修女，地位尊崇，可以在社會階梯向上爬，這意味著你可以接受
很好的教育。」

於是，譚瑪士開始了他來香港之前、為時 8 年的教育苦旅：起初的
頭 2 年入讀愛爾蘭南部科克（Cork）郡馬洛鎮（Mallow）、由喇沙
會主辦的一所寄宿學校；接下來的 2 年轉到勞埃斯（Laois）郡卡斯

爾敦鎮（Castletown）另一所喇沙會學校。

「不少同學中途退學，原因包括想家、不能接受獨身的約束，或者發覺修士的生活不適合自己，但對我來說，這些從來不算甚麼問題。我想這大概是『被呼召』的恩典，為此，我感謝主。」

到譚瑪士 17 歲、接近受訓階段的終結時，會方要求學生們作出一個重大決定：是要留在愛爾蘭，或是奉派到遠東（即馬來西亞、新加坡或香港）。「傳教工作令我興奮，所以我表示接受差遣。與我同期的 26 位同修之中，有 5 位被選中。」

然後，他轉到英國，用 5 年時間接受該國普通程度和高級程度會考的中學課程，再後是教師培訓。「前一處是位於英格蘭東南部伯克郡（Berkshire）、靠近紐伯里鎮（Newbury）的地方，那裡的年輕英格蘭修士取笑我們濃重的愛爾蘭口音，但我們並不介意；更重要的是，那裡的食物既豐富又可口——特別是甜品。在愛爾蘭的學校，我記得大部分時間都得挨餓。」

譚瑪士在位於英國曼徹斯特市（Manchester）的喇沙修士會教師培訓學院（De La Salle Teacher Training College）進修 3 年，主修英國文學。在曼市學習期間，他愛上了體育，特別是足球，也愛屋及烏地熱捧曼徹斯特聯足球會。師訓學校的修士校長，是「曼聯」總教練畢士比（Matt Busby）的朋友，每當球會主場奧脫福球場（Old Trafford）有大戰上演時，總能獲贈門票，校長便會把門票轉贈年輕的修士。譚瑪士因此有機會去奧脫福，欣賞同是來自愛爾蘭、當代最偉大的足球巨星之一的佐治貝斯（George Best）獻技。

譚瑪士的訓練將近結束時，5 位被選派往遠東傳教的修士只剩 2 位。「我們的主管告訴我們要去的地方是香港。我只約莫知道它在哪裡。當時不像現在，在語言和文化訓練方面，我們沒有任何準備。」

1965 年 8 月，他們坐上從倫敦出發的飛機。當年，倫敦到香港，一共要停 5 個站點。他記得飛機每停一個站加油的時候，他都會下機走走。譚瑪士被派到喇沙書院。到了學校，他才知道自己和其他修士（合共 12 人）都被安排住在書院 2 樓。在那裡，生活很有紀律：定時祈禱、定時上課；一起在教員室批改學生作業。那年，他只有 22 歲。

譚瑪士被安排教中一級（12 歲學童）的英文、宗教知識和數學（他的其中一位學生，是多年之後擔任香港上海滙豐銀行集團首位華人行政總裁的王冬勝）。他很快就知道必須把授課和講解的語速減慢，並學習怎麼發好學生中文姓名的字音。

1968 年 12 月 13 日，時年 25 歲的譚瑪士作最後決志——他向喇沙會保證餘生都侍奉教會。「我毫無懸念：對我來說，這就是我正確的人生道路。」

譚瑪士在喇沙書院教學 4 年，然後在 1969 年以成人學生的身份，到都柏林大學（University College Dublin）30，修讀經濟學學士課程。他的學業成績非常好，取得了獎學金，故乾脆留下來，再用一年時

---

30 「愛爾蘭國立大學」的成員院校之一。

1960 年代，譚瑪士被派到香港喇沙書院任教。（圖片提拱：喇沙書院）

間攻讀碩士，並於 1973 年取得榮譽學位畢業。

之後，譚瑪士回到喇沙書院，再次為人師表（這次將達 9 年）。再
執教鞭，他要擔負更重的職責 —— 教正準備考高考的中六、中七
級。他主要教經濟科，但也在學校課外活動投入相當心力，特別是
體育運動。

1970 年代，學校面對一個關鍵的決定：要不要把建於 1932 年的
老校舍拆掉，原址新建校舍。時任校長的賴斐爾修士（Brother
Raphael Egan）認為老校舍不敷應用，故須重建。房地產公司長江
實業主席李嘉誠先生提出，以原校舍三分之一的地皮面積，換取長
實在其餘地皮為學校新蓋一棟摩登、先進的校舍。

「老一輩的修士們不能接受完全拆掉老校舍，喇沙會內部分歧很大，會內團結備受考驗。我跟李嘉誠先生見了面，信納他是真誠地希望看到我們有一個一流的校舍，而無論代價多高他都在所不計。經過多番商討，會眾最終統一了意見，投下了贊成票。」就是說，喇沙會無須伸手向政府要一分錢，也無須向舊生募捐，就實現重建校舍的心願。

有了新校舍，校友們過去不曾享受的設施現在都有了：一條 400 米的競賽跑道、一個 50 米的奧運標準泳池、一座室內體育館、一個人造草地足球場、覆蓋整座校舍大樓的空調，以及現代的實驗室設施。修士們可以繼續住在校園（宿舍位於新大樓的頂層）。所有的體育設施（田徑區、泳池和室內體育館）都由譚瑪士親自設計。

1982 年（恰是學校金禧誌慶之年）的 2 月 19 日，港督麥理浩爵士（Sir Murray MacLehose）主持新校舍的落成啟用典禮。

「投入新校舍項目 5 年之後，我感到疲累、透支，所以我向教省申請休假。」得到教省（也就是他的上級）批准後，譚瑪士前往曼徹斯特大學（The University of Manchester）進修，後取得教育碩士學位。休假的一個額外好處，是可以隨時到奧脫福，看曼聯的主場賽事；錦上添花的是：這次喇沙會的會友可獲一票難求的賽季全票。

「在我還在曼徹斯特的一年裡，我問自己想不想一輩子待在喇沙書院？或者我應該在回去之前，考慮嘗試別的播道方式。因此，當愛爾蘭教省邀請我加入由喇沙會在尼日利亞北部創辦的

新校舍的落成啟用典禮。（圖片提供：喇沙書院）

教師培訓學院，成為其中一員的時候，我就接受了。那是為期
一年的安排。」

文化衝擊

1984 年 2 月，譚瑪士抵達尼日利亞。和在香港時那種井然有序的
生活、九龍塘學校區所見那一塵不染的校服相比，兩地的差異大得
不能再大。

「張羅發電機用的燃料、乾淨水、開得動的汽車，是相當費勁的
事；我們那裡每天停電 5 到 6 次；大部分教師有兼職工作；路況很
差、開車很可怕。最大的殺手是交通意外——我們喇沙會在當地
最好的修士中，有 2 位在車禍中遇難。各種動物隨時隨地隨意橫
過車路；貪污無處不在。我有好幾次感染了瘧疾。仍然活著，我
很幸運。」

那麼，是甚麼支撐著譚瑪士在尼日利亞的奉獻？是當地人不管面對甚麼困難，臉上總掛著樂觀的笑容；是喇沙會始創人若翰·喇沙（後來因奉獻一生為窮苦及有需要者辦教育而獲封聖）的精神感召，支撐著他。

一年後，譚瑪士應聘到尼日利亞東北部城市約拉（Yola）一所少年神學院——St. Peter's Minor Seminary, Yola 當校長，這意味著回香港的計劃又要推延。在新的崗位，他要面對在香港的學校不曾面對的新挑戰：讓學生和教師準時上課、讓教師按開課前已準備好的教學計劃上課、確保誠實地運用教育資金等，都變成艱難任務。

「教師和領袖生濫用體罰；我禁止這種行為，弄得我和部分教職員的關係很緊張。我們的目的是創建若干模範學校，讓其他學校仿效，同時為當地的喇沙會修士打氣。學生們積極響應這些改進，而我們的學校很快成為該國一所出類拔萃的學校。」

在擔任少年神學院校長 6 年後，譚瑪士被調往靠近貝努埃（Benue）州馬庫爾迪鎮（Makurdi）一所男女同校的喇沙會學校擔任校長。在男女同校的環境工作，對他來說是破天荒第一次，很快他就發現最大的挑戰，是說服女生好好留校學習，因為她們一般都早婚、早育，譚瑪士容許她們在生孩子後，再回去繼續上課，那些女生都非常感激。

與此同時，譚瑪士獲選為喇沙會的尼日利亞全國總監。這個位置要求履職者周遊全國，從而暴露於新的、或許有生命危險的境地。

「我有一個好司機，去到哪裡我們都在一起。全國各地都有武裝人員架起路障、勒索錢財。神父和修女路上遭搶劫、殺害的事，時有發生。」

最讓人心驚肉跳的一幕，出現在有一次於接近尼日利亞和喀麥隆交界處時被路障攔住。持槍的人勒令譚瑪士和他的司機下車，押他們爬過一座山崗到另一處地方。那裡已經有 10 來人坐著，臉都朝著地。「我們等了一個小時，十分惶恐，因為可能會喪命。一個小時之後，一切都歸於平靜。於是我們起身、離開，找回我們的車子。劫匪拿走了我們的袋子、護照和所有其他東西——除了車子。」

譚瑪士這時的主要任務，是協助喇沙會為身處非洲、說英語的修士創立一個全仁組織。「我們希望他們培養泛非主義和獨立自主的意識，讓他們不必無時無刻、事事望向歐洲或美國。」新機構（姑且稱之為「教區」）覆蓋已有喇沙傳教團的英語國家——尼日利亞、南非、肯尼亞、埃塞俄比亞和厄立特里亞（Eritrea）。

每年夏天，譚瑪士都會返回愛爾蘭看望家人，並到勞斯郡（Louth）德羅赫達（Drogheda）鎮的 Lourdes 醫院熱帶病中心做體檢。大多數年份也會與自香港休假返鄉的百德修士（Brother Patrick Tierney）會面。「他讓我知道（香港的）最新情況。」

喇沙書院校長

譚瑪士於 1998 年 9 月回到香港喇沙會，並決定留下——他認為他

「我毫無懸念⋯⋯
對我來說，這就是我正確的
人生道路。」

在尼日利亞的工作現在已可以由當地的修士接手。他開始投入香港喇沙會機構（Hong Kong Lasallian Family）的工作。當 2000 年百德修士完成他的校長任期時，由譚瑪士接任，他一共當了校長 4 年。

「我們正面對的大問題，是應否參加政府的『直接資助計劃』（容許補助學校在收取政府資助後，再加收一定的學費）。我們承受很大的壓力，要我們參加，但最終頂住了壓力——學校創辦人聖約翰留給我們的傳統，是我們不收學費，學校才能向所有人開放，不問貧富。我們希望忠於這初心。」

2003 年，譚瑪士已達退休年齡，但他申請延長任期一年。申請獲批，是因為當時沒有修士可以接任；若不予批准，學校將被迫歷來首次由平信徒（Layman）[31] 出任校長。教育局接受其延期退休的申請，是因為他們明白，要物色適當的接班人、選定後辦批准手續等，實在需時。

接下來的兩任校長（2004 至 2010 年）都是平信徒。2010 年接任校長的，是一位來自新西蘭的喇沙會修士 Steve，他一共做了 6 年。

聖城

當了一年校監後，譚瑪士於 2005 年獲邀前往以色列伯利恆的喇沙大學（Lasallian University）教授經濟學，他也將會為教師的專業發展出力。當地的喇沙會主要由美國和巴勒斯坦的修士組成。「那是

---

31 即未取得修士資格的信徒。

一個奇妙的經驗。那是一群十分好的大學同工，非常勤奮。我十分願意再待一段時間，只是已經答應了一年之後回去。」

每逢星期六，譚瑪士都會取道隔離牆（Separation Wall），到 10 公里以外的耶路撒冷。「因為那是猶太人的安息日，路上沒有汽車，我就可以徒步遊走老城區和各聖跡所在地。」

因巴勒斯坦人有紀念「巴勒斯坦大起義」（Intifada）的示威活動，大學校園通常會關閉，待活動平息後才重開，如常運作。

譚瑪士的學生都是巴勒斯坦人。「我住在西岸，聽人家交談。我十分同情巴勒斯坦人。那面牆，牆內牆外真有天壤之別：你可以看到對比巴勒斯坦人的貧困，以色列人是何等的富裕。對水的控制異常關鍵。」

檳城教區的訪問修士

2006 年，譚瑪士移居馬來西亞首都吉隆坡，成為喇沙會在檳城教區（District of Penang，覆蓋馬來西亞、新加坡和香港）的主管修士（Brother Visitor，也稱 Provincial）。一如他在非洲時那樣，他把大部分時間用於為喇沙會的東亞修士創立一個新機構。

2011 年，檳城教區與菲律賓、緬甸和日本的喇沙會組織合併，成立新的「喇沙會東亞教區」（Lasallian East Asia District，簡稱 LEAD）。一位菲律賓籍修士出任該教區的主管修士，而譚瑪士則獲委任為輔理主管（Auxiliary Visitor）。由於 LEAD 的總部設於香

港，譚瑪士順理成章遷回香港。「職務意味著頻密的旅行、會議和晤談。」LEAD 的修士大多是亞洲人，歐洲人屬少數；有 3 位墨西哥裔修士在日本耕耘。

創辦一所國際學校

2015 年，譚瑪士開展了一個新的項目：在馬來西亞雪蘭莪州八打靈再也（Petaling Jaya）創辦一所喇沙會國際學校。

2016 年 8 月，聖若瑟國際學校（St. Joseph's Institution International School Malaysia）正式開課，首批學生有 430 人。目前，該校在校生已超過 800 人，分別屬於 29 個不同國籍，其中大部分是馬來西亞華人，其次是韓國人和日本人。譚瑪士說：「自 1852 年起，喇沙會一直在馬來西亞從事教育事業。『喇沙』這名字響噹噹，是新校一個很強的賣點。2007 年在新加坡創辦的新加坡聖約瑟國際學校，也有相同的連繫。

在我所有的任職中，這次最艱鉅。我從未有國際教育的經驗。負責提供地皮、興建校舍的馬來西亞合作夥伴十分『商業』，很難相處。」

譚瑪士的聘約為期 3 年（2018 年約滿），遂於 2018 年夏返回香港。自此，他一直擔任喇沙書院的校監。「一路走來，我很幸運，我的身體一直很棒。」

作育英才的譚瑪士。

回家？

每一年，可能的話，譚瑪士會回到他愛爾蘭的家。他父母已經辭世，所以他會看望他的 2 個弟弟——一個住在戈爾韋（Galway）郡郡治戈爾韋城；另一位（果如少年時所立的志：當了神父）已經退休，在梅奧郡（Mayo）的科諾克鎮（Knock）過退休生活。

「我也喜歡和修士們——特別是那些在卡斯爾敦鎮我們的養老院養老的修士——共度時光。通常，我的假期大約有 3 個星期。」

今天的愛爾蘭，和譚瑪士童年時的光景大不一樣。願意接受培訓準備他日做神父的年輕人已經很少，而宗教機構（包括他曾經是一分

子的）已經漸漸萎縮、漸漸不復存在。

今天，喇沙會不再運營他們創立的學校。他們已為各校成立獨立的信託基金，由受託方聘請專業人員來管理；退居幕後的喇沙會在各校有其角色，並可造訪學校，推廣創校精神、鼓勵學生加入喇沙會，但幕後就是幕後，修士們不再參與日常管理。

「加入神父行列、過宗教生活的年輕人數字已經劇減。『梵二』[32]之後，很多神父和宗教人士離開神職工作。與此同時，愛爾蘭的經濟大幅改善、家庭人數下降；再加上不時傳出神職人員性侵兒童、學校體罰學生等醜聞，令社會公眾反感。

今天，菲律賓和尼日利亞這些國家就像 1950、1960 年代時的愛爾蘭：家庭人數多、就業機會少、神父和宗教人士的社會地位高，想進神學院的擠破了門。」

當 1957 年譚瑪士決定加入喇沙會時，他不會想像到他的人生旅程，會引領他走過世界如此多的國度。

---

32 即 1962 至 1965 年間舉行的「梵蒂岡第二屆大公會議」。

18

邂逅香港愛侶的法國女子

PAULETTE YVONNE
OCTAVIE LANE

1960 年在蘇格蘭中部小鎮皮特洛赫里（Pitlochry）度過冰凍寒冷的一周，改變了一位年輕法國女學生的命運。就在彼時彼地，她遇上了一個香港男子——她未來的夫婿。

1961 年 3 月 15 日，Paulette Yvonne Octavie Lane（下稱 Paulette）與她的愛侶蔡兆孚（下文用其洋名 James）在倫敦一處政府辦公廳結婚，出席觀禮的只有 6 人，但無一是二人的親戚。Paulette 的家人並不認可這樁婚事，而 James 的家人甚至不知有這樁婚事。

1962 年 8 月 23 日，Paulette 乘搭意大利客輪亞洲號抵達香港，蔡家共有約 30 人準備接船。這是她第一次離開歐洲。她回憶說：「完全震撼、完全沒這個準備。」她不會說哪怕是一丁點的廣東話。

自此，她在香港度過了 59 年——除了中間離港度假，或者獨自（後來則與夫婿一同）回法國與家人短敘。

長大

Paulette 1939 年 7 月 16 日生於法國西北部諾曼第大區濱海塞納省（Seine-Maritime）的小鎮——厄鎮（Eu）。她母親（來自法國北部的城鎮杜埃〔Douai〕）獲當局委任為厄鎮的一名教師，父親是一名警察。二戰期間，父親被國家徵召入伍，1940 年在法國敦克爾克（Dunkirk）被入侵的德軍俘虜。接下來的 5 年，父親在德國當工人。起初，他被關進位於波希米亞（Bohemia）[33] 的集中營，囚

---

33 今捷克中西部地區。

犯被安排到附近農村勞動。幾個月後，他被轉移至更北面的農場。

農場主是一個德國家庭，他們的兒子也被送上了戰場。農場主夫婦希望兒子能平安歸家、希望其他人會善待他，因此他們也善待 Paulette 父親。再之後，Paulette 父親再被轉移到波羅的海港口城市基爾（Kiel）[34]，在那裡擔任護士工作。在二戰接近尾聲的日子裡，美國和蘇聯的部隊各自加速進軍德國，霸佔儘可能多的德國土地。

Paulette 父親和他的同袍途中逃離部隊，徒步前往 560 公里以外的捷克首都布拉格（Prague）。在布拉格，他遇上英軍和美軍，後者把他送回杜埃——他太太與岳父岳母、Paulette 一起生活的地方。

「我當時 6 歲，從未見過他。我感到害怕，躲在衣櫃和牆壁之間，不肯走出來。媽媽要用一塊巧克力哄我出來，爸爸才能抱一下他 5 年多以來不曾一見的女兒。」

戰爭期間，Paulette 和她媽媽有一段時間跟外婆一起住在杜埃，有段時間跟祖母一起住在加萊海峽省（Pas-de-Calais，隸屬上法蘭西大區）利斯河畔艾爾市（Aire-sur-la-Lys）一個叫 Crecques 的小村落。當時，整個法國北部都被德軍佔領，德軍在（坐落在 Artois 群山山腳的）Crecques 村架設了 V1 巡航導彈的發射坡道。村內每一戶都派遣一名留駐德軍，監視村民的動靜。然而，住在孤零零另一座房子的祖母，成功把一位英軍傘兵藏在她穀倉裡一處鴿舍，躲過德軍的搜捕；其後，又領他穿越溪流，抵達安全地帶。

---

34 位於德國境內。

戰爭期間，Paulette 沒有上學，但母親悉心傳授的功課，水平一流，Paulette 獲益良多，到她 4 歲時，已經能讀會寫。戰爭結束後，正常學校教育得以恢復。Paulette 的課業勇猛精進。她說：「我要像家母一樣，當個老師，拿到好薪水，享受長假期，55 歲退休。」

1957 年，Paulette 前往巴黎的一間中學讀預科，準備考入巴黎高等師範學院（École Normale Supérieure）。可是，儘管她考得不錯，但她知道自己不想入讀這所學校。於是，她回到北部，進入里爾大學（Université de Lille）修讀英文和西班牙文。課程包括（由大學安排）在英國學習一個學年。學生被編配到一所文法學校，另有會話課堂。Paulette 被編配去的文法學校叫 Frimley and Camberley Grammar School，位於距倫敦西南不遠的坎伯里（Camberley，著名的桑德赫斯特皇家軍事學院 [Royal Military Academy Sandhurst] 也在該城鎮）。Paulette 寄居於單身女房東 Flora Flower 女士的房子。那是一座很大的房子，房東再也無力保養，因此她開始接納租客，通常是 3 名，而和 Paulette 合租的，其實是「一家人」——各人之間相處融洽。女房東和她的姨甥——上述軍事學院一名教官 Robert Clutterbuck 少校——十分認真地要改進 Paulette 的英語；他們不許 Paulette 用錯語句，經常改正她的錯處。8 個月之後，Paulette 的英語脫胎換骨，說得棒極了。

1960 年聖誕節，Paulette 回到法國度假。Paulette 從小便與 Jean Claude 一起長大（二人的母親是朋友）；兩位母親都希望她們的孩子能由青梅竹馬進而締結良緣。Jean Claude 在法國東部斯特拉斯堡大學（University of Strasbourg）讀化學。事實上，Paulette 有點想家，嫁給 Jean 的主意也不錯，甚至有提議不如婚事就定在 1961 年 6 月。

被禁止的羅曼蒂克

聖誕節假期過後，Paulette 回到英國。Frimley and Camberley Grammar School 的蘇格蘭人校長熱衷於推薦 Paulette 去「發現」蘇格蘭。英國文化協會向學生提供於 2 月份在蘇格蘭中部珀斯郡（Perthshire）一個美麗的旅遊小鎮 —— 皮特洛赫里的一處湖畔莊園的古老大宅短住一周的機會。那大宅是一位乖僻的、在那裡獨居多年的蘇格蘭人贈予阿伯丁大學（University of Aberdeen）[35] 的學生。入住該處的宿生有擔當東道主、接待參加英國文化協會上述計劃的學生之責任。Paulette 的部分旅費由她的學校贊助；但為了省錢，她全程一路搭便車，直到抵達蘇格蘭（這在當年甚為罕見）。Paulette 說，路上遇到的，都是善人善心。她的其中一位「司機」擔心她，把她載到約克（York）的警察局，好讓她找到安全的度宿之所。結果，她在其中一位警察的家裡和他家人共度一宵；翌晨一早，警察帶 Paulette 和他自己的女兒到訪約克座堂（York Minster）。

大宅裡共有約 20 名學生，其中有幾個來自荷蘭，來自法國、德國和印度的各一個，4 個來自日本，還有一個來自香港 —— 他正是 James。James 快要完成倫敦帝國學院的課程。他較晚進大學，因為戰爭期間他無法在香港接受大專教育（日本從 1941 年 12 月起侵佔香港，直到 1945 年 8 月太平洋戰爭戰敗投降為止）。因此，雖然 James 和 Paulette 同時期進大學，他卻比她年長 10 歲。

2 月的蘇格蘭，天氣嚴寒。「那個大宅是個很迷人的地方：它擁有

---

35 Aberdeen，有譯「鴨巴甸」，位於蘇格蘭東海岸。

湖畔一大片莊園，河流兩岸巨木參天。主大廳以前曾是舞廳，內有大型石砌壁爐，有需要時會燒掉半棵樹來供暖……那裡是碰頭議事的地方。大家相處得很好。我們在一起跳舞、喝威士忌、吃羊雜、探訪當地人。鎮上的人來我們處，吹奏風笛。好一種體驗！

起初，James 和我之間並未特別吸引對方……但他總是在就坐於壁爐前的人當中，最後離開的其中一個，所以我們也頗有交流。晚上，我喜歡沿著湖岸漫步——那裡十分安全，我發覺他也做著同樣的事，所以我們一起走。我發現其實我們彼此有不少共同之處。他已經多年沒見過家人，因為當年出遠門並不容易，而且很貴，留學生通常在整個留學期間都留在英國。當時，他快要完成學業，開始到英國一家著名建築公司 Costain 實習；他希望積累實操經驗，並取得土木工程師的專業資格，到時他就可以回香港工作。」

在皮特洛赫里鎮湖畔莊園共處一周的其中 6 人一起坐火車返回倫敦。Paulette 完成她在坎伯里的學年，返回里爾大學報到，註冊去完成她在該大學的最後一個學年（這是前述那所巴黎中學在倫敦的分校與里爾大學的聯合安排）。她也在薩里郡（Surrey）沃丁翰鎮（Woldingham）一所私立天主教學校擔任法語教師。她移居倫敦梅達谷區（Maida Vale），住進 James 和他不少朋友共住的房子。Paulette 和一位來自緬甸的女生分租一個房間，後者修讀的是有關熱帶病的專科進修文憑。這段期間，Paulette 和 James 之間的感情突飛猛進。

到了復活節，Paulette 返回法國她自己的家。雖然 Paulette 從未與 James 談婚論嫁，但卻肯定自己不會下嫁給 Jean Claude。Paulette 和

母親就此事的你言我語，內容是她不想再記起的。可以這麼說：她是被轟出門的。復活節假期結束前，她已經回到倫敦了。

1961 年 3 月和 James 結婚後，Paulette 決定和家裡修補關係；新婚夫婦同年 7 月一同前赴法國北部。每一個人都付出自己的一份努力。James 不會說半句法語；除了 Paulette 的爺爺（他是英國人）以外，沒人說英語。但 James 努力嘗試融入，Paulette 的家人看得見那種努力，也受感動，最終「讓他進來」。Paulette 說：「所以，我家人喜歡上他、接受了他。他幫我舅舅修理一台十分老舊的收音機——自戰爭年代起，他就保存著那台收音機，舅舅正是用它來收聽戴高樂將軍的戰時廣播。收音機已經完全不能運作，但二人一起把收音機拆散、清潔，那機器又重新運作了。」

1962 年 6 月，James 坐飛機回到香港。Paulette 沒有跟他同行，因為 James 要告訴家人他已經和一位外國女子結婚。Paulette 跑去跟一位西班牙女孩和她在（西班牙中部城市）瓦拉杜列（Valladolid）的家人同住，直到 7 月底。然後，James 告訴她，他已經稟告家人自己已經成婚，妻子是一位外國女孩；家人算是接受了這事實。

到 7 月下旬，Paulette 在意大利南部港口城市那不勒斯（Naples）登上多年前曾把她那未來丈夫載到英國去的意大利客輪亞洲號。船上滿是回流學生，沿途停靠埃及的亞歷山大港（Alexandria）、也門的亞丁港（Aden）、巴基斯坦的卡拉奇港（Karachi）、印度的孟買港，以及斯里蘭卡和新加坡。沿途有機會觀賞岸上風光，例如 Paulette 有機會看到金字塔。一路上她還遇到她和丈夫的同學、曾認識的人的家人。那是一次很有趣的旅程。

Paulette 於農曆新年時買的花,為香港的家增添一些過節
氣氛。(圖片提拱:受訪者)

2 位妻子、18 個孩子

到 8 月,客輪終於抵達香港尖沙咀海運大廈(Ocean Terminal)。當
年,那處只是一條長長的木結構碼頭,其上並無建築物。在碼頭的
中央,Paulette 可以看到為數約 30 人的一堆人,那是她丈夫連同他
的家人等在那裡準備接她的船。大部分家人都很好奇,但不失禮
貌,而且表現得讓人感到被接受。5 天後,他們舉行了一場傳統的
婚禮,Paulette 穿上了中國人傳統的裙褂、向婆婆(丈夫母親)和
大姑子敬了茶;公公(丈夫父親)給她起了個中文名字。

巨大的文化差異產生巨大的震撼。Paulette 從未離開過歐洲，不消說，她完全不懂廣東話，幸好他丈夫的兄弟姊妹當中，有能說英語的。她嫁進去的，是一個枝葉茂盛、關係複雜的家族。她公公曾在香港政府裡當過英語傳譯。公公有過 2 位太太（包括 Paulette 認識的這位婆婆）。先夫人在誕下第 9 個孩子的時候不幸亡故；公公續弦後，（比公公的長女還年輕的）第二位夫人又替他生了 9 個孩子。家裡紛爭不少，排行第 12、第 13 的 2 個兒子從中國內地「出逃」，回到香港之後，家中矛盾變得更複雜──日佔時期，公公把他當年分別 13 歲、12 歲、11 歲和 10 歲的 4 個兒子，連同當時已經 17 歲、排行第七的女兒到中國內地一個親戚家住，以策安全。但內地的親戚已經搬家；姐姐因染上傷寒而病故；4 個較年幼的兒子頓時無依無靠。

Paulette 丈夫和他的幾個兄弟都不願重提他們當年遭受過的苦難；戰爭結束時，排行第 10 和第 11（也就是 Paulette 的丈夫）的兒子回到香港，但排行第 12 和第 13 的兒子則仍留在內地；其中，稍大的那位活得還可以──他是滿州一家大型工廠的領導，獲准來香港探親。最後一次探親之後，他決定不再返回內地。年幼的那位在華南地區當醫生；他後來先到澳門，在那裡坐「蛇船」偷渡來香港。所有這些，都是在 Paulette 到香港之前約 6 個月發生的；由於兩位從內地回來的家人不能適應家中的種種，弄得一家人關係十分緊張。

大家庭住在九龍旺角區弼街一座地方大但布局亂的房子──房子裡頭有許多一段段長短不一的樓梯；天台有花園，種有公公收集得來、珍如拱璧的盆栽。廚房設於 3 樓，飯廳卻在 2 樓；2 個兒子和

各自的小家庭同住一起，或多或少有各自獨立的空間。Paulette 要記住丈夫兄弟姊妹的名字、認得他們各自的家庭成員——弄清誰是誰——是件十分吃力的事。

要她適應所有這些，實在是不能承受之重。於是，丈夫在港島金鐘區半山麥當勞道租下一套住宅小單位。一些姻親從不上門作客——事實上，他們從未接受過她；有些來過，幫她適應。「開始的時候，我公公並不接受我。他總是雅致地有禮；他每個星期會有幾次請我去『蒂芬』（Tiffin，即午餐）——只有我們倆；他會（出於好意地）提點我，說我拿筷子沒拿對，又說我難以適應本地的習俗。他想我回法國去——儘管他沒有明說。他點那些他知道我不喜歡，或者我應付不來的菜。我希望被接納，所以我請丈夫的一位老朋友教我怎樣優雅地拿筷子，並多告訴我一些習俗方面的事。我沒有把這些告訴丈夫，因為我不想他擔心。一天，我有足夠信心了，和公公一起吃午飯的時候，我告訴他我不會離開香港……他沒說甚麼，但從此不再邀請我去『蒂芬』，但我們之間的關係確實改善了……在他的晚年，我變得和他很親近，有一次他甚至對我說，他後悔當初沒有敞開心懷歡迎我。」

Paulette 的婆婆就不一樣了，她從一開始就和 Paulette 相處得很好。婆婆沒受過教育、完全不懂英語。這事實令她丈夫前妻的兒女們有佔她便宜的空間，並把無盡的瑣事交託給她，增加她的負擔。「她送我金項鍊；我會陪她光顧本地的裁縫，她會花好幾個小時挑長衫。她的笑容很可愛，笑起來很燦爛。」

Paulette 曾在一家法國船公司 Chargeurs Réunis 當秘書，後來到比利

時駐港總領事館當商務參贊的一名助理。那工作已經夠有意思了，但 Paulette 精力無窮。

Paulette 和 James 的第一個孩子，女兒 Michele 於 1963 年 9 月 20 日在香港養和醫院出生。「公公來看我，帶來一個小瓶，裡頭裝有綠色的液體，看起來像蕁麻酒，（原來）是蛇膽汁，很苦，但他說對剛生孩子的女人很好。我婆婆帶來煮了好幾個小時的雞蛋豬腳薑醋。我把它都吃光喝光，因為那心意難以拒絕──儘管那味道難以下嚥。」

Paulette 說：「我十四弟的太太一直等我把孩子生下來，好讓那 16 周的相沖期過去，她和十四弟才可以成親。」但 Paulette 因為腎臟感染而不適，必須住院，她前後輕了 7 公斤。Paulette 記得她婆婆花了不少時間陪她，又給她喝用奇怪的草藥熬的湯；結果，她恢復得很好。

Paulette 和丈夫的第二個孩子，兒子 Eric 於 1967 年 9 月出生。這一年，中國內地的「文化大革命」狂飆流播到香港，酒店的電梯、公園、巴士站和電車站等等都發生過炸彈爆炸，不少人無辜喪命。當年，被稱為「反英抗暴」的動亂，其總部設於地處中環的第一代華人行（China Building），而政府鎮壓動亂的指揮中心，則設於當年的香港希爾頓酒店、今天長江集團中心之所在 36，對陣雙方爆發過無數次的衝突。後來，內地政治運動的高潮漸退，香港動亂的高潮也隨之消退。

---

36 距華人行不遠。

只有英國人才能當律師

Paulette 已經成為停不下來的工作狂；這點，她丈夫和她公公漸漸察覺到了。「讓我報讀新開辦的法律學位校外課程，是公公的主意。當年，香港還沒有法律學院。起初，課程是為不少希望取得這類學位的政府公務員而設。那是倫敦大學（University of London）一個 3 年法律學士課程，由倫敦大學安排幾位講師來香港授課，具備專門知識的本地律師和大律師也應邀講課。課程每周五天，每天由下午 5 時半到晚上 9 時半上課。每一學年的考試，和倫敦大學在英國本校的考試沒有分別。課程很受歡迎，但課業要求很嚴格；有幾個學生讀了一兩個月之後就放棄。所以，當下一輪 3 年課程招生時，比較容易申請。當我公公跑去問的時候，課程已經滿額，因此我的名字被放在候補名單。」Paulette 還記得，當丈夫和公公告訴她有空缺了，並把申請表遞給她、讓她簽名的時候，課程其實已經開始了超過一個月。「我對取得英國法律學士學位，絕對缺乏信心。但他們兩位大力鼓勵，所以我開始想，我（可以先開始，然後）或者會在一兩個月之後退學。可是，出乎我的意料之外，我非常喜歡那課程，竟完成整個 3 年的課程。」

當年，擁有法律學位，並不足以成為律師。要成為一位律師，他或她必須在一家律師事務所經歷「見習期」（do "Articles"）——完成 3 年實習生的階段。當年，不少律師事務所接納一位實習生，要收取不菲的「見習費」（Premium）。

Paulette 以「見習法律文員」（Articled Clerk）的身份加入孖士打律師行（Johnson Stokes & Master，香港最負盛名、也是歷史最悠久之

一的律師事務所）。她無須支付見習費，但也沒有薪酬——除了算是表示歡迎的、價值港幣 200 元的禮物，以及到聖誕節時獲贈 2 塊卡芒貝爾（Camembert）牛奶軟芝士。3 年後，她通過了資格考試，正式成為律師。

可是，當中有一個問題：Paulette 是法國人，而按照當時的規定，只有英國公民才能成為律師。因此，她必須放棄她的法國國籍，並通過婚姻取得英國國籍。後來，法國改變了它（有關變更國籍）的法律；與此同時，英國也改變了（它有關入籍要求的）相關規定。Paulette 花了 2 年時間，完成多如牛毛的文件功夫，才能取回她的法國國籍。

Paulette 以律師的身份，繼續在孖士打服務了 6 年。她探詢晉升為事務所一位合夥人的可能，但被告知事務所不會考慮女性合夥人——當然，事務所後來放棄了這項政策，但當年這確是一項鐵定的政策。既如此，她 1978 年和另外 3 位律師創立史蒂文生律師事務所（Stevenson & Co.，即今天史蒂文生黃律師事務所 [Stevenson, Wong & Co.] 的前身）。

1970 年代，法國公司客戶越來越多。他們喜歡和有正式專業資格，又能流利地用他們的語言溝通的律師打交道。今天，能操流利英語的法國人不少，但能操流利法語的人卻不多。多年來，Paulette 為不少有意來香港做生意的法國公司出謀獻策、給予必要的幫助；她為法商在本地搭建業務架構，協助他們租寫字樓、起草合同、辦理簽證等等。那是工作量很大的勞作，必須從不同法律體系的角度考慮問題，並據此做許多必要的解釋。

Stevenson, Wong & Co. 職員大合照。（圖片提供：受訪者）

出售法國駐港總領事館館址

Paulette 在香港的法國人社群當中很活躍。位於港島中區半山的法國駐港總領事館館址（事後回看）是法國政府歷來最佳的海外投資項目——該物業原是香港輔政司（Colonial Secretary）[37] 的官邸。那物業有非常漂亮的歐式建築和寬闊的草地。官邸本身的建築富麗堂皇，加上一根根的廊柱，很有電影《亂世佳人》（*Gone with the Wind*）的韻味。

---

37 後改稱布政司（Chief Secretary），是九七前港督以下、英國最高級駐港殖民統治官員。

到了 1970 年代，要養護舊官邸，已成沉重負擔。當時的總領事建議把物業出售，並撥出所得資金的一部分，用以實現他一直心心念念想做的——興建一所（迄當年止香港尚未有的、面向旅港法國子弟的）學校。香港以外，距離最近的要數設於（日本首都）東京和（柬埔寨首都）金邊的法國中學。除了法國駐港總領事外，這個意念其實也一直縈繞在僑居香港、希望子弟接受程度稍高的教育的法國商人心中。

香港政府的反應也十分積極，並提出願意免費撥地建校，條件是學校必須同時提供英國學制的課程。大型法資銀行和建築公司都表示歡迎。法國駐港總領事館要求法國政府撥出相當於港幣 500 萬元的資金，支持該項目。1983 年，上述舊官邸成功以港幣 1.2 億萬元售出（售價創了迄當年止的紀錄）。有了這筆資金，他們買下港島太平山頂一座宏大、漂亮的別墅（始建於 20 世紀初），作為新的總領事官邸，又在港島其他地方購入 6 套房子，以及金鐘海富中心兩個整層的樓面（連天台使用權），作為總領事館的辦公地點。這宗交易很有趣：交易由 Paulette 的事務所負責處理；她也要確保創立法國學校所需的港幣 500 萬元能從中得到保證。Paulette 為法國學校起草創校章程。

自此，法國政府便成為它所有駐香港總領事館名下物業的業主。這些年來，物業陸續被放售，其中位於太平山頂的總領事官邸以港幣 5,800 萬元售出。

1993 年，Paulette 成為香港法國互助基金（Fonds d'Entraide des Français de Hong Kong，簡稱 FEF——一個協助陷入困境的旅港法國

「我希望被接納，所以我請
丈夫的一位老朋友教我
怎樣優雅地拿筷子，
並多告訴我一些習俗方面的事。」

2007 年，Paulette 獲頒授法國榮譽軍團勳章後，在法國駐港總領
事館拍照留念。（圖片提拱：受訪者）

公民的慈善組織）5 位創會成員之一。FEF 的義舉之一，是照顧最後一批流落於俄羅斯、後來覓路前往內地，最後在香港度過晚年的法國婦女。此外，受助者還包括若干來香港尋找工作的法國年輕人，其中有不少不諳英語，也沒有旅費回國。FEF 持續向不少人提供協助——由一次性港幣 1,500 元的貸款，到金額超過港幣 14 萬元的緊急醫療費支援等等。

退休

1994 年，Paulette 從史蒂文生黃律師事務所退休，但以顧問的身份繼續為事務所服務長達 6 年，然後擔任姬素秋律師事務所（Gicquel & Co., Bernadette）的顧問。Bernadette 也是取得律師資格的法國公民，Paulette 在「姬素秋」繼續服務至 2018 年底。

自 1992 年起，Paulette 和她丈夫開始每年抽出部分時間，到他們於法國西南部購置的房子度過。丈夫喜歡欣賞歌劇和古典音樂，而且，雖然他基本上不說法語，但他很親近那裡的社區。丈夫 2004 年死於癌症。她要決定到底是留居法國，還是返回香港；但當法國政府公布要修築一條會穿過她的房子所在地區的公路時，她無須再作思量了。結果，政府徵收了相關地段，推倒房子、剷平土地，Paulette 便返回香港，度其餘生。

19

英格蘭反煙草鬥士

JUDITH MACKAY

自 1967 年起，Judith Mackay 醫生（中文名「麥龍詩迪」，下稱 Judith）就以香港為家。從 1984 年開始，她便成為全球反煙草運動其中一位先鋒人物。「我知道如果我專注於預防醫學，而不是治療醫學，我可以拯救更多生命。」她說。

「目前，煙草每年奪去 700 萬條性命，單是護理開支和生產力的損失這兩項的社會成本，就達到 2 萬億美元。估計到了 2025 年，死亡數字將會增加到 1,000 萬。由於這個流行病已經由富裕國家轉移到貧窮國家，我的工作主要集中在亞太地區中、低等收入國家。（因為）煙草產業永遠不會停下來：他們採用各種手段、推出各種產品——包括低焦油、濾嘴和電子煙。（所以）我有一個終身從事的事業，會繼續工作，直到我 100 歲。我永不言退。」

自 1984 年起，Judith 便在九龍清水灣道家中一個正對著清水灣壯麗山景的房間裡工作。她和丈夫 John Mackay（一位退休醫生）同住。她目前的職務，是全球煙草控制良好施政中心（Global Centre for Good Governance in Tobacco Control, GGTC）的顧問。該中心總部設於泰國，其事業所涉地理範圍遍及全球。

童年和教育

Judith 本姓 Longstaff（即「麥龍詩迪」的「龍」），1943 年 7 月 18 日在英格蘭東北沿海的約克郡（Yorkshire）一個叫濱海薩爾特本（Saltburn-by-the-Sea）的小村莊出生。當年，歐洲仍深陷第二次世界大戰的戰火中，她父親是英國商船隊中的一位船長（父親 1912 年 15 歲時就加入船隊），這是他的終身職業，期間，每年除了幾個星

期在家以外，其餘全部時間都在海上度過。

直到 Judith 將近 2 歲時，她才第一次見到父親的面。1941 年，父親的船被軍方徵用作運兵船，他的戰時任務變得十分危險——有一次，一艘正由他指揮的船中了魚雷，令船在海上漂流了 24 小時。

Judith 母親是全英國首批上大學的女性之一，她鼓勵她的 2 個女兒接受教育。Judith 很出色，才 16 歲，就通過了大學入學考試。

「我在高中階段選修物理、化學和生物，決定大學讀醫。醫科要唸 6 年，然後見習一年。我父母全力支持我——精神上和財務上。」

Judith 在 1960 年考入蘇格蘭愛丁堡大學。那年頭，該校接納相當高比例的女生（Judith 入學那年是 160 人中佔 36 人）。1966 年畢業後，她到愛丁堡的城市醫院（City Hospital），追隨研究煙草和各種疾病之間的關聯的其中一位最早期先鋒克羅夫頓爵士（Sir John Crofton）工作。

1967 年 3 月，在醫院進行一次有關複雜醫療案例的報告後，Judith 遇上了一位在香港工作的蘇格蘭醫生 John Mackay（即「麥龍詩迪」的「麥」），他當時正回國參加深造課程的考試。「當我第一眼見到他的時候，我就知道他是我會嫁的人。」Judith 說。

閃電熱戀才 4 個月，二人便於 1967 年 7 月結婚。婚後，Mackay 醫生返回香港他執業所在的晏打臣醫生醫務所（Drs Anderson & Partners）；Judith 則先留在愛丁堡 3 個月，待完成她在城市醫院的

見習後，才和新婚夫君團聚。

要學醫用粵語

來到香港後，Judith 的第一要務，是學會地道的、行醫所需的廣東話，以便做個稱職的本地醫生。「我發覺那非常難，可它又是我要繼續自己的專業所必須的。」

Judith 在香港大學兒科系兼職做研究。她的 2 個兒子先後於 1969 和 1970 年出生。之後，她用 3 年時間，到香港大學醫學院修讀一個內科專科培訓課程，通過無數考試後，終取得英國皇家內科醫師學會（Royal College of Physicians）會員資格。

1971 年，兩夫婦作出了一個重大的決定。當時，他們租住九龍嘉道理道聖佐治閣一套約 3,000 平方尺的住房；一天，他們收到業主一紙通知，要在未來 3 年將月租金上調港幣 100 元。

夫婦倆不能接受，遂開始另覓房子。就在同一天，他們找到清水灣道一座建於 1957 年、有 2,500 平方尺的別墅，還帶有一座面積達三分一英畝的花園。那套房產叫價港幣 30 萬，二人決定用盡所有儲蓄，外加 Judith 父母的資助，再加上銀行貸款，把別墅買下來。

事後證明，那是他們一生中最好的一項投資：50 年後，他們還住在那裡。「那是為甚麼我們還住在香港。很多海外僱員都善用僱主資助租住公寓；到他們退休的時候，他們就沒有能力繼續留下來。」

1972 年，Judith 飛往菲律賓，經過一番挑選，敲定聘請當地一對夫婦來香港，當 Mackay 夫婦家的傭工。主人家在別墅旁擴建一個 450 半方尺的有蓋空間，讓菲律賓夫婦住。他們女的當家傭，男的打理花園、游泳池和 3 頭看門狗。二人前後為 Mackay 夫婦打了 40 年的工。到今天，這對菲律賓夫婦的下一代仍然替主人夫婦打工。

從 1976 到 1984 年，Judith 擔任基督教聯合醫院（United Christian Hospital）[38] 內科部門的副總管。政府數字顯示，香港頭號可預防致死病因，是吸煙，每年死亡案例超過 3,000 宗。

「內科男病房有句格言：我們『從未收過不抽煙的病人』——收進來的，以癌症、心臟病、中風、慢性支氣管炎等（全都和吸煙有關）最常見。我慢慢覺得我的工作只是修修補補——這些病有很多是不可逆轉的，即使應用昂貴科技也一樣。我相信香港人的整體健康狀況將永遠沒辦法改善——除非（我們）對預防醫學有足夠的重視。我感到有一股推動力，要我轉向這個領域。」

當 Judith 知道因吸煙致死的婦女案例比因各種控制生育措施而死的案例加起來還要多時，更堅定了她的決心。「煙草廣告試圖以『擺脫束縛』打動人，但現實是：吸煙正是束縛婦女的另一種形式。」

對抗煙草大品牌

因此，Judith 在 1984 年作出一個艱難的決定：離開她在聯合醫院的

---

38 位於觀塘區，是香港九龍東醫院聯網的龍頭醫院。

基督教聯合醫院的醫生合照，攝於 1980 年代。（圖片提供：受訪者）

高級職位，投身反吸煙運動。（另一個原因，是有需要提拔本地人晉升醫院裡較高職位。）

「最後那 3 個月，我必須告訴我的病人我要離開了。他們有些禁不住哭了，央我別走，問我怎麼可以丟下他們。那是最傷感的事」，Judith 想起來都難過。在聯合醫院，她所學的醫用廣東話有用極了。「沒有了它，我沒法做好我的工作。身邊總有一位護士陪著，必要時可以介入，但十有八九我可以應付。」

Judith 離開公立醫院的熙攘，走進她家辦公室的寧靜。這個轉變，不單表示失去了醫院病人和同事的陪伴，還表示失去了收入。「起初，那是一種孤寂的存在。接著，一位香港的癌症醫生伸出了援

手，再後就是班乃信（Geoffrey Barnes，時任政府副衛生福利司）代表政府給予支持。這時，世界各地的控煙倡導者們逐漸建立起聯繫，而我則成功建立整個亞洲的網絡。」這個運動的推展，意味著向全球煙草商巨頭宣戰。

很快，Judith 的努力變得艱難和孤單。跨國煙草公司財大氣粗，實力強橫，又有他們所來自國家的政府撐腰。由於美國和歐洲的控煙措施開始奏效，歐美煙草消費下降，煙草集團均視亞洲市場為他們最重要的未來銷售希望所在。

財團攻擊 Judith、媒體，以及任何散播吸煙和疾病之間有某種關聯的人。在 1985 年香港一次有關應否禁止煙草廣告的公開聽證中，Judith 與煙草商高層分別坐在正反兩方的代表席，她兩個十來歲的兒子則坐在公眾席。「菲利普・莫里斯（Philip Morris）[39] 的團隊用我兒子從未聽過（且不堪重複）的語言，評論我的個人和我的專業。」那次的體驗，使這兩個少年自此終身不沾煙草。

煙草商經常威脅要控告 Judith；吸煙者權益團體拿她比作希特勒，向她發出死亡威脅。1990 年，她從倫敦一份理應是機密的、卻被洩露的文件中得知，跨國煙草產業把她列為「世上最危險的 3 個人之一」，Judith 視之為可引以為傲的勳章！

Judith 的首個勝利，在 1986 年出現。當年，她成功遊說香港政府禁止無煙煙草產品的進口、生產和銷售。儘管政府受到來自美國參

---

39 全球最大煙草商。

1989 年，Judith 與時任中華人民共和國國務院總理李鵬
（左）及他的妻子朱琳（中）會面。（圖片提拱：受訪者）

議員、駐港總領事館商務官員和煙草商的巨大壓力，但最終仍在
1987 年初落實了相關禁令，是全亞洲首個、全球第二個踏出這一
步的地方。

1987 年稍後，香港政府成為亞洲首個成立控煙機構，並資助其

運作的地方。Judith 獲委任為香港吸煙與健康委員會（Hong Kong Council on Smoking and Health, COSH）的首任總幹事。3 年來，Judith 首次在努力工作的同時，竟有工資！由於 COSH 的努力，香港在 2019 年取得「15 歲或以上的人口中，吸煙者僅佔 10.2%」的成績——比率是全球最低之一。Judith 說：「香港已經成為亞洲的一個典範。COSH 是我學會遊說政府、與政府周旋的地方。」

亞洲多國的健康顧問

鄰近的亞洲國家求援甚殷，Judith 應接不暇。因此，她於 1989 年辭去 COSH 的工作，創立亞洲反吸煙諮詢所（Asian Consultancy on Tobacco Control），在亞太地區國家之間分享信息、經驗和專長。

當年，亞洲有 60% ~ 70% 的男士、2% ~ 10% 的女士每天抽煙。吸煙人口不斷增長（單是中國就有超過 3 億煙民，比整個美國的人口還多），增長的原因包括：整體人口本身在增加、社會較前富庶了、有更多女孩抽煙、控煙的經費不足等。

過去 32 年，Judith 一直把自己的精力投放在這項工作中去。「美國和英國的煙草公司在中低收入國家採取雙重標準。他們採用在各自國內早已被禁的手段進行推廣、銷售含高焦油的香煙、沒有健康警告字眼等。美國政府的貿易部門威脅對那些拒絕開放市場，讓外國香煙進口，或對後者的營銷設限的國家，施加單邊貿易制裁。」

為反戈回擊，Judith 滿世界跑，在國際會議上發言、在出口國家的政府委員會聽證會上慷慨陳詞。她首先要求煙草公司在發展中國家

「我們在香港住了54年。它就是我的家、我愛之所在。」

嚴守他們在自己國內遵守的標準，同時要求別用像香煙這類有害產品作為貿易的籌碼。「圍繞應否控煙的國會辯論相當激烈，收取煙草商贊助的議員向我發出極具攻擊性的抨擊。」

在亞洲，她成為一名向多國（包括中國）政府建言的健康顧問，協助各政府起草全面的控煙法例、在會議和工作坊上發言。

「我素來的處事方式都是尊重相關國家、和他們共事。我從不告訴他們該做甚麼——像一些西方顧問那樣。各國政府邀請我去，我就給予意見。我總是觀察每個政府的立場，然後看甚麼是可能的。我給予支持並寫文件。1990 年，我成為第一位訪問蒙古國的非俄國顧問。他們知道來的顧問是一位女士後，鬆了一口氣。我臨離開的前一個晚上，衛生部長來看我，要求我（替他們）起草控煙法例。我開了一個晚上的夜車把法例草案趕出來，一年之後，草案過了關，成為法律。」

Judith 的工作，叫她走遍全亞洲。在 2019 年的最後 3 個月裡（也就是新冠肺炎令全世界閉關鎖國之前），她一共到訪過 17 個國家。

「經過 3 至 4 年的扶持之後，亞洲各國紛紛自行擔起整個控煙計劃的運作，其國內控煙運動也按自己的步伐前進。我為這些國家的控煙努力和持續運作提供最新信息、給予動力。」

全球性條約

到了 1990 年代，Judith 成為世界衛生組織（World Health

世衛控煙及煙癮治療合作中心的揭幕禮。（圖片提供：受訪者）

Organization，簡稱 WHO）的高級政策顧問。她向國際社會提出一個概念：參照聯合國之組成方式，成立一個國際控煙組織。相關的協商持續了好幾年，終於，《世界衛生組織煙草控制框架公約》（World Health Organization Framework Convention on Tobacco Control，簡稱 WHO FCTC）於 2005 年正式生效。

《公約》把簽署國置於一項國際法義務之下，必須執行相關領域的措施。目前，確認《公約》的國家及地區（締約方）已有 182 個，成為聯合國歷史上最迅速獲得廣泛接受的條約之一。

根據《公約》官網，FCTC 旨在解決一些導致吸煙成癮跨境蔓延的複雜成因，包括自由貿易和外國直接投資；此外，全球營銷、跨國煙草廣告、促銷和贊助，再加上違禁及假產品的猖獗，均造成吸食煙草製品的趨勢爆炸性上升。

為《公約》出力、令其影響遍及全球，或許是 Judith 的事業生涯中最持久的成就。

Judith 先後於 2002 年和 2006 年編製了《煙草地圖》（*Tobacco Atlas*），由 WHO 贊助、Myriad Editions 出版（後來由 WHO 或其他衛生組織出版）。《煙草地圖》（連同其官網 tobaccoatlas.org）提供了有關全球煙草產品的生產和消費的全面指引，包括控煙的主要障礙（特別是揭露煙草業界的戰術）、各國政府應該採取甚麼應對措施等。人們驚奇地發現：問題與對策，放諸全球而皆準。

《煙草地圖》也解釋了全球吸煙習慣和吸二手煙等情況對健康的禍害：各種合併症、死亡數字，以及因此而造成的更廣泛社會成本。

2006 年，Judith 獲彭博減少煙草使用倡議（Bloomberg Initiative to Reduce Tobacco Use）委任為世界肺臟基金會（World Lung Foundation，是「倡議」的組成部分）之項目協調官，在中低收入國家推動「倡議」。

Judith 曾獲頒無數獎項，包括美國政府的醫務總監獎章（Surgeon General's Medallion，1989 年）、香港政府的銀紫荊星章（2006 年）、英女皇的大英帝國勳章（OBE，2008 年），以及英國醫學期刊出版集團公司的終身成就獎（Lifetime Achievement Award，2009 年）。

2007 年 Judith 入選《時代雜誌》百大最具影響力人物，並與丈夫 John Mackay 在該期雜誌海報前合照。（圖片提供：受訪者）

家庭

Judith 的 2 個兒子都在英國劍橋大學唸書，其中一個後來成為醫生，現居愛丁堡；另一個成為環保運動分子，現居劍橋。每到夏天，Judith 夫婦一般都會跟兒子和他們的小家庭共度假期。

Judith 每逢周五都會和丈夫打高爾夫球。她也喜歡游泳、到西貢郊野爬山，或者在家中的花園鬆弛一下。自 2007 年起，她開始上太極班，尤其愛耍太極劍。

她說：「我們在香港住了 54 年。它就是我的家、我愛之所在。我們打算繼續住在香港，肯定。」

20

當監獄傳教士的瑞士牧師

TOBIAS BRANDNER

自 1996 年以來一直以香港為家的瑞士改革宗教會（Swiss Reformed Church）牧師 Tobias Brandner（有個中文名字叫「白德培」，下稱 Brandner），是香港中文大學一位神學教授。他自 1996 年聖誕日開始，一直有探訪被囚禁在香港不同監獄的囚徒，從未間斷。

「我非常幸運。我熱愛我在這裡的事工。」Brandner 說。

Brandner 1965 年生於瑞士北部一個約有 1,500 人、從事農耕的村莊 Auenstein，父親是一位醫生，他是醫生 5 個孩子的其中一個。他說：「我們在一個舒泰的中產家庭長大。村子不大，村民都彼此認識，作物收成時我們都向鄰居伸出援手。」隨著 Brandner 漸漸長大，父母把有關佛洛依德（Sigmund Freud）、弗羅姆（Erich Fromm）和禪宗佛學的書帶回家，鼓勵他作學問上的探索。「我 15 至 16 歲時讀這些書，很有感覺，就像生命從此打開。我決定把自己投身到最深邃的探尋——生命的意義為何？生命的目的為何？我甚至考慮過到一座佛寺去——如果不是在瑞士，那就去日本。」Brandner 的父母是開明的基督徒，每周到教堂去，也安排 Brandner 上主日學。在高中階段，他有機會修讀希伯來文。他解釋說：「我們的老師是一位聰慧的年長牧師，他授課時充滿喜樂，把我們和神學的距離拉近，（他說）我們應該用批判眼光去思考它。神學比純屬臆測的哲學更貼近現實，那是一種你一生都必須參與和實踐的事。」在升讀大學選科時，神學與醫學，魚與熊掌，費煞思量。

1984 年（Brandner 中學畢業那年）的復活節，一年中其中一個喜樂的日子，他正與女友一家度假一周，他不無陶醉：「我覺得我的人生就在眼前，春天充滿生機。」然而在一個周六早上，他收到家裡

打來的一通電話：父親在耶穌受難日結束自己的生命，終年僅 50 歲。「完全出乎意料之外。那是抑鬱的結果，我曾見過他疲累、發脾氣。在停屍間，我看著他，他很祥和。我必須面對人生的無常：我為何會在此？又如何運用此生？」悲劇改變了他的計劃：原來打算到瑞士的法語區升學，現在改變主意，決定到可以比較靠近母親住處的蘇黎世大學（University of Zurich），這個選擇也幫助他作了另一個選擇——選修神學。Brandner 說：「（神學）追尋生命的終極玄機。我學懂了此問題，它本無答案。神就是答案，祂本身就是玄。我學會與它相處。」

有一本書對他影響很大——Dietrich Bonhoeffer 著述的 *Letters and Papers from Prison*（《來自監獄的信函和文章》）。Bonhoeffer 是一位德籍路德會牧師，公開反對納粹政權。1943 年 4 月，Bonhoeffer 被德國秘密警察組織蓋世太保（Gestapo）逮捕、下獄，後因據稱捲入企圖刺殺希特勒案，於 1945 年 4 月被處決。「作為一個在政治上決意反對獨裁政府的人的證詞，那書記載了來自監獄裡的深思。它也說服我：基督教可以和現代世界觀兼容並包。」Brandner 在大學先後完成神學學士、神學碩士和神學哲學博士。

1945 年，Brandner 獲晉升為牧師。他說：「（對我來說）沒有所謂的『決志日』。那是一個緩慢的、頗為漸進的過程。我十分熱衷於投入社會。」他在教會服侍了一年；1991 至 1995 年間，他在監獄擔任兼職傳教士。「我熱愛工作，這工作非常有意義。」1994 年，他獲選為蘇黎世市議會議員；他也參與「（普世教會）合一運動」（Ecumenism）的工作。1995 年，Brandner 與多年親密女友結婚。新婚太太剛畢業於瑞士一所藝術學校，從事產品設計。一雙新人選

擇以騎自行車作長途旅行的方式度蜜月——用 6 個月時間，從蘇黎世出發，踩到非洲國家科特迪瓦 [40]。他倆當年選用的瑞士製自行車，近 30 年後，仍是他們的日常代步工具。

Brandner 的太太說想在瑞士以外的地方工作，也許就在歐洲。Brandner 遂致函瑞士最重要的基督新教教會巴色差會（Basel Mission），探詢差會可有空缺。他預期可以找到一份在非洲或拉丁美洲某所神學院的教職。3 星期後，他收到差會的回信說，會方正物色一位在香港監獄擔任傳教工作的人選。「我太高興了。」Brandner 說，「高興得在住處跳起來，緊緊抱著我室友。我馬上知道這就是我所渴求的。我從來沒到過香港，也從來沒要求過。沒有猶豫、不用商量，我們當下就知道我們會去。」他從未踏足香港，與這座城市沒有任何關聯。「香港是個偉大的城市。我知道太太可以在那裡找到工作（換了在尼日利亞鄉郊地區，她不會有機會打工）。我寧可到這裡而不是非洲，在那裡，你總是白人，人家總預期你會掏腰包。雙方（會不自覺地合力）創造一種『優越感情結』（Superiority Complex）。在香港，大家平起平坐。對於這點，我太太也很正面。」

差會開出的條件很優厚——2 年的薪資，加上 Brandner 夫婦倆在香港中文大學雅禮中國語文研習所（Yale-China Chinese Language Centre, The Chinese University of Hong Kong）參加全日制粵語課程的學費。二人於 1996 年 8 月來到香港。「廣東話是一種了不起的語言，充滿智慧。香港人很有風趣幽默的本事。」他讚歎道。1996

40「科特迪瓦」為今譯，曾意譯為「象牙海岸」。

年的聖誕日，Brandner 到訪石壁監獄，開展他第一次的監獄傳教事工。從 1997 年起，他每周到不同的監獄，花上半天到一整天的時間，一對一地與囚友會面。最初探訪的是說英語的囚友，然後是能說一點英語的華人囚友。他說：「後來我探訪越來越多說廣東話的囚友，他們不介意我十分有限的粵語。他們能給我時間 —— 在監獄裡，沒有時間方面的壓力。我們在符合法律要求的探訪室見面，沒有獄警在場。」

1998 年夏天，Brandner 完成他的語言課程；當年 9 月，他開始全職進行監獄探訪，同時開始在香港中文大學崇基學院當兼職教授；12 月，香港政府向他發出牧師證，據此他可以到香港境內任何監獄的任何設施工作，沒有時間限制、無須獄警陪同。他是首位既非聖公會又非天主教會的傳教士取得這特權。他說：「那裡的人很有耐性，給我指引。你得跟從規則 —— 不帶進、帶出任何物品，不自行接觸（囚友）家屬。」他又說，坐牢的人不一定都是壞人：「他們只是身處特定環境的普通人。監獄是一個既施予懲罰又幫助更生的地方；然而，後面一種功能做得很不夠。我相信在改變行為之餘，又要改變一個人的心和靈方面，信仰起著關鍵的作用。我愛這些小伙子。沒錯，他們做了錯事，甚至是很嚴重的錯事，但我確實對他們懷有深深的敬意，因為他們面對，而且適應著牢獄生活。」

一位監獄牧師要面對的一項挑戰，是須掌握所服務的對象最需要的是甚麼。Brandner 解釋說：「你可以輕易和性格外向的人建立關係，但他們不一定是最需要建立關係的那些人。找出一種能跟比較內向的人交談的方法，更加重要。我們必須時刻提醒自己離開舒適區……我的目標，是引領他們走向一條培育愛與接受愛的能力的

上 | 探訪囚友的 Brandner。（圖片提供：受訪者）

下 | 與囚友分享。（圖片提供：受訪者）

「我的目標，是引領他們
走向一條培育愛與接受愛的
能力的道路。」

道路。最終，我所做的，是傳遞神的寬恕。」他從未嘗試勸說囚友信主。他說：「信仰，是被接受和被愛的體驗——無論自己是多麼的不堪。我無法說服你，你必須在生命中信服這更深的真理，這就是為甚麼（從神學的角度看）我們稱它為『恩典』。不是由你來決定要成為一名基督徒，是神的精神感動你，而這感動，意味著收到『你本來怎麼樣，就怎麼樣接受你』這份奇妙恩典。」

他全職當監獄傳教士，至 2007 年止。此後，他放了一年無薪假，和太太及 3 名孩子（分別於 1997、1999 和 2002 年出生）到泰國旅遊勝地蘇梅島度假。放長假的這一年（2007 年），太太在當地工作，而他就寫了一部有關基督信仰和監獄傳教的書—— *Beyond the Walls of Separation*（《超越牢牆》），並於 2013 年出版。他服務香港的合約期已屆滿，他要決定下一步怎麼走。「使命 21」[41] 鼓勵他申請瑞士總會差務總監（Director of Mission）一職，但須到瑞士履職。老不情願下，他最終還是遞交了申請，但意外地沒有被選中。他說：「有那麼幾個月，我自戀地感到受傷害；但後來我漸漸認識到，是神拯救了我，因為我的申請，根本是個錯誤的決定。結果，2008 年我以全職教授的身份回到香港，同時繼續安排空餘時間探訪囚友。回到香港來，我十分高興。」

Brandner 在香港中文大學崇基學院神學院供職。他不無自豪地說：「我們是大中華（甚或整個亞洲）唯一一所隸屬公立大學的神學院。」他在大學裡教授西方和亞洲基督教歷史、基督教傳教史，並研究宗教重心由西方向東轉移的過程。神學院有學生約 200 名，每

---

41 2002 年，「巴色差會」瑞士總會決定更名為 Mission 21，中文為「宣教 21」。

上｜與學生交談。（圖片提供：受訪者）

下｜在教學的 Brandner。（圖片提供：受訪者）

年新生約 70 名。每年約有 15 至 20 名畢業生成為傳教士；其餘畢業生會加入非政府組織或繼續學業，攻讀博士。神學院還開辦非以培訓傳教士為目標的基督教研究文學碩士課程。Brandner 維持每周一次到監獄探訪；每月一次帶領神學學生到石壁監獄進行聯合工作坊。「他們總是很期待參加，覺得獲益良多。他們當中不少和囚友成為好朋友。」

新冠肺炎流行期間，Brandner 的太太和 3 名孩子留在瑞士。太太原本經營一家旅行社，專營組織外國旅客到香港旅遊。趕上了新冠疫情，業務陷入冬眠狀態。他說：「我的 3 個孩子已經中學畢業，他們已經視香港為家。1990 年代後期沒有置業，是我犯下的大錯。一直以來，我都住在由差會或者大學提供的宿舍，現在如果我想在退休之後留在這裡，已經不可能。我計劃在這裡繼續工作，直至達到退休年齡。」

當年那個在 Auenstein 田間玩樂的男孩，斷不會想像到自己會有這樣的人生。

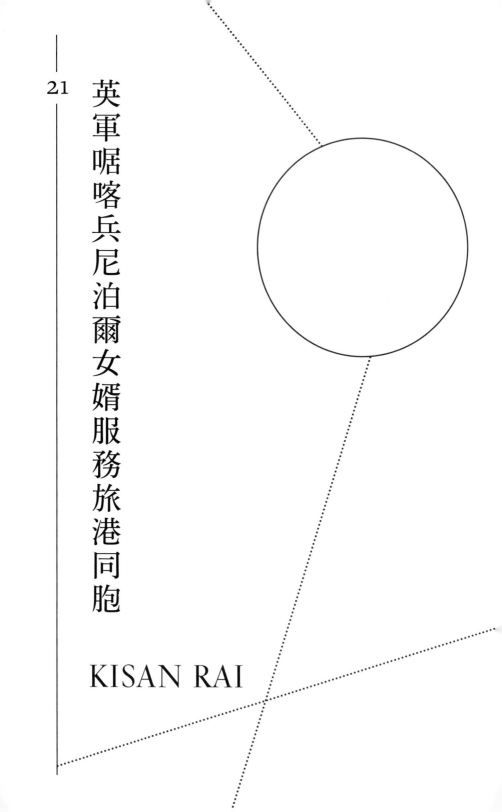

21

英軍喏喀兵尼泊爾女婿服務旅港同胞

KISAN RAI

本篇傳記的主人公──Kisan Rai──於 2021 年 10 月返回祖國尼泊爾期間，不幸離世。那是他接受本書採訪之後的事。據尼泊爾媒體報導，當時 Rai 正乘車前往探訪居於尼國東部霍唐（Khotang）區的朋友們。半途他踏出所乘車輛，卻失足跌下深近 200 公尺的懸崖，命喪當場，終年 53 歲。喪禮於尼泊爾舉行。

當 Kisan Rai（下稱 Rai）來到香港的時候，他和新婚太太及 5 名親戚擠住一個房間。他要等 8 個月，才終於拿到香港身份證，讓他可以在這個城市工作。頭 2 年，那工作是在離地面 300 尺的工地付出辛勞和汗水。

後來，Rai 成為香港唯一的尼泊爾文雜誌 *Everest Khabar*（意譯：《額菲爾士消息》）的編輯，該報服務旅居香港的約 21,000 尼泊爾社群。他每月薪金港幣 20,000 元，生活寫意──儘管不容易。他也曾擔任尼泊爾新聞工作者聯會（Federation of Nepali Journalists）香港分會會長。

Rai 在 2021 年 5 月一次接受訪問時說：「在（香港）政權交接之前，尼泊爾人擔憂一切都會改變，但（結果）這沒發生。這裡的管治仍然和內地的不一樣。所以，他們比以前更感到有保障。那些在主流社會工作的，聽懂、能說廣東話。」

尼泊爾社群有富有貧：有建築公司的行政總裁、有不同行業（包括酒吧、餐廳、珠寶店、美容院、雜貨店）的老闆，也有像他一樣從事體力勞動的。

「之前，人們感到不安全，把錢投到尼泊爾去；現在是倒過來——他們賣掉那邊的物業，來這裡買。那些做生意的退休了，會留在這裡，不回家鄉。」他說。

2020 年，Rai 抽中香港政府的「居者有其屋」（這是他第四次申請），以 400 萬港幣買下九龍西部南昌邨一個約 500 平方尺的 2 房單位。他繳交房價的 10% 作首付，餘款安排房貸，分 25 年攤還。按照他的設想，房貸的擔子將大部分由他的長子接過去。長子在英國一所大學唸電腦編程，他打算畢業後移居香港，就地找工作。

在班加羅爾和尼泊爾長大

在香港一座高樓大廈裡的一個小單元，和 Rai 早年在家鄉長大的地方，實有雲泥之別。

Rai 1967 年 10 月 7 日在印度南部班加羅爾出生。他和他姐姐是一位印度士兵的孩子。1971 年，父親從軍中提前退休，帶同他的家人移居尼泊爾東南部一個有 12 萬人口的城市——達藍（Dharan）。父親買了一塊地，當起農民。

Rai 在達藍市唸小學、中學和大學；上了大學，他選修尼泊爾語言和社會研究。「這個國家有超過 100 個不同的族群，每個族群都有他們自己的語言。我父母就是說他們的母語，但在家裡，我們說尼泊爾語。」尼泊爾語言用和印地語一樣的文字——天城體文字（Devanagari）。很多尼泊爾人和印度人一樣，信奉印度教。來自尼泊爾的喞喀兵大多信奉佛教或他們所來自的族裔獨特的宗教。

學生時代的 Rai，曾加入尼泊爾幾個共產主義政黨的其中一個。可是，移居香港後，他改變了看法。

1992 年畢業後，Rai 在達藍市辦了一所小學，並自任校長。他租入地塊，然後建成一座小型木結構樓房，內有 6 個房間。他的姐姐和姐夫也參加到這個項目來。Rai 前後當了 7 年校長。Rai 說：「起初，那只是一所小學。今天已經發展得很蓬勃：小學和中學合共有學生約 500 人。」

1994 年，Rai 和他的親密女友（英軍中一位喀喀兵的女兒）結婚。由於新娘子在香港出生，所以她有香港永久居留權。她在香港上小學；當父親於 1990 年退休時，一家人返回達藍市定居，所以 Rai 的女友在那裡上中學。

Rai 說：「那是一門因愛而結合的婚姻，打破種姓的界限。」尼泊爾人分成不同的族群，每一個族群有源自各自地區的文化。尼泊爾人管這些族群叫「札特人」（Jats）[42]。保守的家庭只允許族內婚姻，但這些老規矩在城市地區逐漸被打破，年輕人往往按他們自己的意願選擇終生伴侶。

Rai 這雙年輕夫婦決定移居香港，這裡住有 Rai 太太家族的人。他把校長一職交託給他的一位同事。1998 年，小夫妻坐飛機抵達香港，對 Rai 來說，香港簡直就是另一個星球。

---

42 印度雅利安族的一支，散居於印度西北部。

人在工地，心在家鄉

來到香港，觸目所見，心中全然被震撼。「它和我家鄉的城市完全不同。我從未見過這樣高的建築物。在尼泊爾，沒有一座樓高於10層。（這裡）處處都擠滿了人，來來往往步伐是那麼的快；食物也不一樣，很難適應。」

他們的住宿狀況是另一個震撼。達藍市的住房很寬敞；但在這裡，他們的新居是一個單間，小夫妻和 Rai 太太的 5 位親戚都擠在裡頭，完全沒有私隱可言。

Rai 的太太每周 6 天在一家護老院工作、住宿。她的工作勞累費力、壓力不輕，換取每月港幣 5,500 元的工資。因此，Rai 要自行打發那 6 天，但由於沒有香港身份證，他不能出外打工，他要等 8 個月。太太的工資難以支持二人生活下去。

「那段時間裡，我想家。我想過回去。但不行，我想，我已經來了，我一定要做點事。」

在獲發身份證後，曾當過校長的 Rai 跑到建築工地找工作。開始時他在新界西北天水圍區一處工地做清潔工，日薪港幣 300 元。還好，工作地點是在地面。第二個崗位是九龍深水埗區高 30 層的政府辦公大樓。

對一個從未身處高於 10 層高樓房的前任校長 Rai 來說，那實在太嚇人了。「那裡那麼高，我怕極了。那份工作持續了 4 個月。」下

一個崗位更要命——那是新界東部馬鞍山區一座高 40 層的大廈。「有一天，我不知道怎麼操作一台我已經坐在裡頭的機器，那時我身處 30 樓高的地方（離地大約 300 英尺）。我錯按了一個按鈕，升降機下墜了 5 層樓。我極度恐慌。幸好，我繫了安全索。」那時，他的月薪是港幣 15,000 元。

Rai 的工友，中國人和尼泊爾人都有。他們互相之間用廣東話溝通。有時，他的中國人同事會嘲弄他：「他們問：『你們國家有沒有火車？有沒有飛機？』他們認為我們國家是那麼落後。我的廣東話還是不行，我上街買東西的時候，有時候會有困難。」

接下來的一個崗位，是在港鐵公司（MTR）位於九龍西部美孚區的一個工地。「我覺得很沉悶。我還記得（有一次）在雨中走了一整天的路。我想家。」Rai 不顧一切要逃離這種累死人的勞動。他接觸了 6 位他們社群的成員，講述了他的一個構想：要出版香港第一份尼泊爾文的日報，以滿足約 17,000 名旅港同胞的需要。他們贊同，並合力籌措了港幣 8 萬元，創立了 Everest Media Limited（額菲爾士媒體有限公司）。他們在 2000 年 5 月 1 日的五一國際勞動節出版創刊號。終於，Rai 可以摘下他那沉甸甸的安全帽，脫掉那保他性命的安全索。

籌款

項目開始時不太順利。3 個月之後，他們就因為流動資金用盡，面臨結業。Rai 安撫他的搭檔，說他有辦法。Rai 跑去找一家建築公司——Sunkoshi Construction Limited——的行政總裁 Tej Bahadur Rai

（他是一位尼泊爾籍富商）。Rai 向富商進言說，媒體對他們的社群非常重要；若富商願意資助，Rai 便能把它搞好。

幸好，他的富商同宗伸出援手，借出 10 萬港元的貸款，並進一步提供 20 萬港元，成為公司的合夥人之一——後一筆錢不用償還。

他們用 27 萬港元，購置一台於 1965 年在德國海德堡出廠的二手電腦印刷機。*Everest Khabar* 每天出紙 12 版、發行 1,000 份，賣港幣 4 元，在新界的元朗、市區的佐敦、油麻地、尖沙咀各尼泊爾人聚集地的雜貨店發售。

報章的大部分編採工作都由 10 名身處（尼泊爾首都）加德滿都的全職編採人員承擔，然後透過電郵將當地新聞發來香港，再由 Rai 加進香港的內容（包括尼泊爾社群的活動消息、翻譯自《南華早報》、《英文虎報》和香港電台英文台等英文媒體發布的新聞），方才定稿。為支持辦報經費，*Everest Khabar* 接受廣告。

Rai 說：「報章面向香港的尼泊爾人，讓他們知道尼泊爾發生甚麼事，也為團結本地尼泊爾人出力。」報社的大本營設於元朗市中心一座商業大廈 2 樓的一個小單位。

18 個月之後，報章由日報改成周報，後來再改成雙周刊，最後於 2019 年改成月刊（兼有線上線下兩個版本）。他們每月印行 2,000 份，免費派發。Rai 每月可領取港幣 20,000 元薪金。出版報章賺不了錢，但月刊反映旅港社群保持了解家鄉正在發生甚麼事的需要。香港與尼泊爾之間恆常地上演你來我往、我來你往的民情故事。

（圖片提供：Online Khabar）

「報章面向香港的尼泊爾人，
讓他們知道尼泊爾
發生甚麼事，
也為團結本地尼泊爾人出力。」

錯過了 2 個兒子的童年

Rai 的太太掙的錢比他多。在 Rai 開始到工地打工之後，她便到港島南部的赤柱市集當銷售員。她學做美容師，然後在她丈夫工作的辦事處隔壁開店，做起自己的生意。後來二人的收入漸趨穩定，生活變得輕鬆。

夫婦二人有 2 個兒子。2021 年，他們分別 25 歲和 18 歲。兒子鮮有見到父母一面。大兒子在尼泊爾出生，媽媽回香港後，他仍留在尼泊爾，由 Rai 的媽媽和姐姐帶大，在尼泊爾上學。

至於大學教育，由於其時 Rai 的姐姐和姐夫已移民英國，大兒子便由姑媽姑丈照顧，他考進倫敦一所大學修讀電腦編程，畢業時將取得文學士（B.A.）學位。

小兒子在香港出生，但在尼泊爾上小學（此後也在尼泊爾度過人生大部分時間）。小學畢業後，他回到香港升中學，並計劃將來到英國上大學。

所以，在 2 個兒子的成長路上（甚至人生路上），Rai 大部分時間都缺席。「我們通常在每 3 年回尼泊爾探親一次的時候才看到他們。我們經常透過 WhatsApp 溝通。我感到和他們很接近。」這是他們夫婦倆在香港找生活要付出的代價。他們在香港也只能過如此簡樸的生活，更負擔不了兒子們在這裡接受教育。

Rai 太太曾到過英國看望兒子一次。Rai 原本打算在 2020 年和她一

起去，但新冠肺炎疫情肆虐，使計劃落空。他從未去過英國。大兒子計劃畢業後移居香港，和父母同住。

Rai 於 2020 年透過「居者有其屋」計劃買下南昌邨一個單位後，事情就變得容易。大部分的房貸將由兒子每月攤還；Rai 和太太計劃在他 60 歲時退休，告老還鄉——在他兒時生活過的達藍市（他們已經在達藍市買了房子）。「那裡的生活對我們來說會比較容易，但我兒子學的專業在這裡有比較多機會。」

尼泊爾人的生活有所改善

旅居香港的尼泊爾社群，是當年隨英軍駐港的尼泊爾啹喀兵及其後裔（大部分是退役後決定留在香港的啹喀兵的孩子、孫兒和他們的家人）。中英政權交接前，在役啹喀兵均已撤離，仍有約 3,000 人在英軍中服役。自 2009 年起，於 1997 年以前退休的前啹喀兵獲准在英國定居。

據 Rai 說，在「九七」前，尼泊爾人不肯定中國政府對香港恢復行使主權後，他們的未來將會如何。「我們想像一切都會改變；但結果（我們想的）沒有發生。我們沒感到不安全。沒錯，香港屬中國的一部分，但它的管治仍然和內地的不一樣。」

這個社群既有大商家（包括建築公司的老闆、擁有超過 100 家雜貨店、珠寶店和美容店的東主），也有在建築工地和保安行業打工的基層；又有白手起家，把生意漸漸做大的（包括在中、上環蘇豪區、蘭桂坊及其他地區的 20 至 30 家酒吧、餐廳的）老闆。Rai 說，那些酒吧、餐廳「都是由在餐飲行業打工開

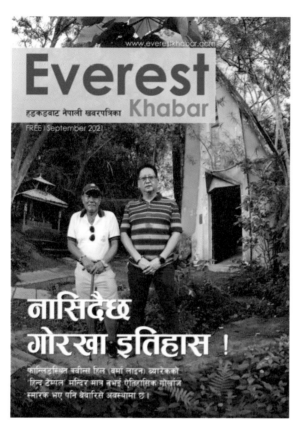

Everest Khabar 2021 年 9 月號，也是主編 Kisan Rai 離世前出版的最後一期。（圖片提供：Everest Khabar Facebook 專頁）

始，然後開創自己生意的老鄉們所擁有的」。

歷史上，這個社群的弱點，是不能讀、寫中文。1997 年前，他們都生活在軍營中，甚少有機會接觸本地人。這個局限令他們在不少工作機會面前望門興嘆。Rai 說，大部分尼泊爾裔的孩子在英語學

校就讀，但在主流社會工作的（特別是在顧客絕大部分是中國人的零售行業打工的），都能聽懂、會說廣東話。

這種變化，令人覺得留在香港更安全。「那些做生意的會在這裡退休，不再回尼泊爾。過去，他們在老家買房子；現在，他們把房子賣掉，把錢投到這裡的物業。」

香港的治安很好。「在我們的社群裡，暴力是十分平常的事。但中國人沒跟我們過不去。」

社群裡的人大部分都有尼泊爾護照，有些有英國的，少數人有特區護照（但他們必須放棄尼泊爾國籍）。大部分人在社群內部找婚姻對象，只有少數人和中國人或西方人結婚。

「在我們國家，印度教文化非常狹隘，父母們很難接受自己的子女在社群以外找對象；但在香港（的尼泊爾人群體），人們都比較開通，（他們）很多不是印度教徒，而是佛教徒或者克拉底信徒（Kiratist，信奉尼泊爾、錫金、大吉嶺等地原始宗教的人）。」

在香港，尼泊爾人可以自由地慶祝他們的宗教和傳統節日——可惜的是基本上沒有相應的公眾假期，不能像在老家過節時過得那麼盡興。

第四章

政治原因

Chapter. 4
POLITICAL FACTORS

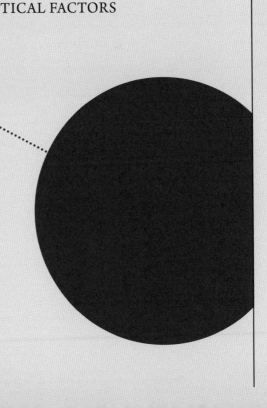

22

人權律師在港仍盼家鄉改變

SOLOMON

時間是 2004 年 6 月 26 日下午 4 時，Solomon 收到一通改變他一生的電話。一個朋友告訴他：「秘密警察已經奉命對付你，你必須馬上離開（東非）布隆迪。」Solomon 的朋友和教會弟兄立即開車把他送到所在城市的國際機場，坐上一架飛機。他甚麼都沒帶——連一個小包都沒有。他以為飛機是去澳洲，但當飛機降落時，他發現自己來到香港。「我對香港一無所知——除了知道它是中國的一部分，而且我不需要簽證就可以入境。」

過去 17 年（至 2021 年），Solomon 一直住在香港，默默等候他能回到家鄉，再次和太太、5 個孩子生活在同一屋檐下的那一天。他每天都透過 WhatsApp 和家人通話。「我希望我們國家的政權實現更替，讓我可以回家。機會約有 40%。神是萬能的。我的信仰對我來說很重要，是它支撐我活下去。」

Solomon 不是他的真名（他要求別用他的真名，以保護他的家人——排除他所來自國家的政府對他們採取報復的可能）。經過冗長的法律程序，他終於取得國際性的保護，並可以暫時留下，打工謀生。經過 5 天的拘留，特區政府入境處終於放行，讓他入境。「一切都由國內的教會安排。聯合國知道我的所在。」他的這個處境，和幾乎所有 1.3 萬名正在香港尋求政治庇護的其他外國人的處境不一樣。只有 243 名獲得庇護的政治難民獲准在社會上工作，其餘的都不獲批；只要他們的申請還在審核當中，他們就只能靠政府和慈善團體提供的微薄生活津貼過活。

Solomon 1964 年生於非洲東部國家布隆迪（Burundi）前首都[43] 布瓊布拉（Bujumbura）一個尊貴家庭，父親是國家軍隊的一名軍官。Solomon 是家裡 9 個孩子的老大。他們全家住在一座相當寬敞的大宅，並僱有家傭照顧孩子。Solomon 在全市最好的學校上學，學業成績出類拔萃。他 16 歲時加入全國籃球隊。「我讓父母感到很自豪。他們希望我長大後成為一名軍人，或者一位神父。我們是虔誠的天主教徒，每個星期天都參加彌撒。我入讀了一所培育年輕人成為神父的神學院。我遇上一位非常好的導師，他曾留學法國。家母是一位公務員。」可是，由於他是大兒子，父親改變主意，要他結婚生子、繼承香燈。於是，當神父這事，就不必再想了。上了大學，他選修法律；畢業後加入公務員行列，成為一位政府律師。

布隆迪是非洲東部一個內陸國家，全國領土面積為 2.7834 萬平方公里（是全非洲土地面積最小的國家之一），約有 1,190 萬人口，其中超過 80% 的人口以務農糊口。這個國家曾有過一段悲慘的歷史：自 17 世紀始，它就是一個獨立的王國；德國於 1894 年征服布隆迪所在地區，並把它和毗鄰的盧旺達（Rwanda）吞併為自己的殖民地。第一次世界大戰結束後（1919 年），戰敗的德國將其殖民統治之地讓予比利時，後者統治布隆迪至 1962 年 7 月該國宣告獨立止。

布隆迪的人口主要由胡圖族（Hutu，佔 84%）和圖西族（Tutsi，佔 15%）構成。在受殖民統治時期，比利時人較偏袒圖西族人，在教育機會和公務員任用方面向圖西族人傾斜。自 1962 年以來，該國

---

43 布隆迪首都原為基特加（Gitega），該國於 1962 年獨立後，定都最大城市布瓊布拉。2019 年元旦起，基特加重新被定為（政治）首都，布瓊布拉則被明確定作經濟首都。

布隆迪前首都布瓊布拉機場,是 Solomon 夢寐以求的回家之路。(圖片提供:iStockphoto)

經歷過內戰、種族滅絕、政變和政局動盪。

Solomon 說,國內衝突主要源自胡圖族和圖西族之間的矛盾。Solomon 自己是圖西族人。「族裔之間的衝突很大程度是人為的。我們(兩個族群)都有共同的語言、共同的宗教信仰(全國人口中超過 90% 屬於基督徒)。有人編造傳聞,說圖西族是『來自北方的外來侵略者』。」根據聯合國人口基金(United Nations Population Fund)和布隆迪政府聯合進行的一項調查,由布國總統恩達達耶(Melchior Ndadaye)於 1993 年 10 月 21 日在一次企圖政變中遇刺身亡起計,至 12 月 31 日期間,共有 11 萬 6 千人被殺害,圖西族人和胡圖族人都有。Solomon 說:「遇害者當中,有 90% 是圖西族

人。這是對人類的無端屠殺。整條村莊被殲滅掉。那是非洲歷來首次種族滅絕災難。」

Solomon 以政府律師的身份工作了 6 年。他和親密女友結婚，育有 4 個兒子、一個女兒，一家過著舒適的生活。他在 1994 年（30 歲時）做了一個重要決定：離開政府，投身人權律師的事業。「我受到倡導反種族隔離的南非人權鬥士史蒂夫·比科（Steve Biko）的啟發。他主張人與人之間是平等的，不應因他人的宗教信仰或者膚色而反對他。」1973 年，南非政府向比科發出禁令；他經常受到羈押。1977 年 8 月他再次被逮捕後，國家安全部門的警察把他毆打至死（死時年方 30）；參加他喪禮的群眾超過 2 萬人。在布隆迪，Solomon 擔任「布隆迪人權聯盟」（League of Human Rights）的律師，享有一定的特權。他的一些曾被關進監獄、虐待的同工已經離開這個國家，但他仍能到拘留所探視被因者。「我爭取改變。政府裡有人給我傳遞信息。」但是，2004 年 6 月 26 日傍晚收到一個電話後，他突然離開國家，去了香港。香港入境處釋放他後，照顧他的人把他送到一處宿舍（那裡也有其他人留宿）。他仍然處於一種受震撼的狀態——他從沒思想準備，要留在世界另一面、與布隆迪絲毫沒有關聯的城市。他把當時已有身孕的妻子，以及 5 個孩子留在了國內。「當時情況緊急。要是我當時去了任何一個歐洲國家，我將需要簽證。」但當時他根本沒時間申請。

Solomon 在香港安頓下來的頭幾個月，他得到非政府組織（NGO）的幫助。NGO 為他找到一個可以住下來的地方（他與其他人同住），並按月給他若干零用錢。「那時『沙士』（SARS）疫情剛結束，人人都互相保持距離。」到 Solomon 確實安頓下來後，他找

成立於 1985 年的勵行會，為弱勢社群帶來希望。（圖片提供：勵行會網頁）

到基督教勵行會（Christian Action）的工作，任務是向尋求政治庇護的人提供協助。「勵行會」成立於 1985 年，是一個註冊慈善團體，宗旨是「服務弱勢、被邊緣化及流離失所的社群，以及被遺棄的兒童」，「帶給他們希望、尊嚴及自立能力」。Solomon 已經在勵行會服務了 15 年。2021 年 2 月，他轉職到位於港島西區的 Justice Centre Hong Kong [44]，工作性質與在勵行會時一樣。Justice Centre Hong Kong 於 2007 年創立，是一個旨在努力使社會上最孤立無援的社群能充分享受基本權利和獲得平等訴諸法律的權利。它的服務對象包括尋求庇護者、難民、受暴虐者、人口販賣對象、強迫勞工等。

---

44 其中文版官網沒有正式中文名稱。

香港有約 1.3 萬名政治難民；他們基於聲稱在各自所來自的國家受到酷刑虐待或其他不當待遇的理由，尋求庇護或保護。他們已在香港逗留的時間，由幾個月至 10 年以上不等；約有一半來自南亞、約 30% 來自東南亞，其餘來自非洲和南美洲。政府已向 243 名申請人發出政治庇護。政府每年花費約 10 億港元處理庇護申請。自 2013 年起，獲批庇護者可以在香港找工作，且其子女可以入讀官立學校。歷史上，香港不曾成為庇護港——除了給予華裔申請人外。入境處的看法是：香港素有「行之已久的政策，不批准任何庇護申請，而我們也不接受正申請難民身份的個人入境」。有關酷刑聲請（申請政治庇護）的批准比率不到 1%（發達國家則是 25%～50%）；這令 Solomon 和他同事的努力難有寸進。

為減少尋求庇護者的人數，政府在其《2020 年入境（修訂）條例草案》中提出 4 項改革：提高非法僱用難民工作的罰則；容許當局羈留一些警方相信會對社會造成，或很有機會造成安全威脅的人（改革前，只有當相關人士觸犯法律，或者等候遣返，那人才可被羈留）。另一項改革是引入「預報旅客資料系統」（Advance Passenger Information System，簡稱 API System）；根據是項安排，航空公司必須在旗下來港航班起飛前，預先向香港入境處提供乘客和乘務人員的資料，好讓入境處在認為有需要時，勒令航空公司不讓一些當局不允許其入境的人士登機。

談到香港，Solomon 的感覺有點複雜：「它給了我棲身之所，我感激不盡。我在這裡完全不愁安全問題，這點我承認。」但他總覺得自己不屬於這個地方。「這裡的人有著和我完全不一樣的文化。這個社會是封閉的、向內望的。人們對外來人並不開放；所謂『外來

人』，包括了難民、家傭，甚至內地來的人。除了自己的事務，他們甚麼都不懂。我不想留在這裡，但我沒有選擇。」

像不少在中國的非洲人，他要忍受侮辱和愚蠢的問題。「人們問我非洲有沒有大米、有沒有汽車。夏天到了店裡，有人要買護膚霜，店員問我為甚麼我不需要，我答說因為我滿身黑皮膚，不需要它來保護自己、防止曬傷或者得皮膚癌。這些人甚麼都不懂。有一次我和一個男孩在打籃球，他跑到他爸爸那裡說我很醜。他爸爸打了男孩一巴掌，但我跟那位爸爸說：『是你教他的。你有責任。』人們害怕非洲人。應該教學生他們和我們之間的唯一分別，是彼此的膚色。」儘管如此，他從未遭受過暴力，或者被人偷過錢。「中國人寧肯騙你或者向你撒謊，也不會偷你的東西。」

Solomon 住在新界一個月租港幣 3,800 元的、不起眼的單位。他有沒有考慮過舉家搬到非洲其他國家或者別處？「這不是一個我自己可以做的決定。我的命運操作在聯合國難民事務高級專員署手上。他們一定要確保我在另一個國家是安全的。」

他每天透過 WhatsApp 和太太、5 個孩子溝通；在他不在身邊的這段期間，孩子們都長大了。太太曾兩次來香港看他，他的孩子也來過一次（在 2019 年）。「當年我離開的時候，他們還很小，甚麼都不懂。朋友們和布隆迪人權聯盟支持著我的家庭。他們的生活不容易。父親是一家之主。我仍然和他們很親密。」Solomon 的基督教信仰對他相當重要。「他讓我活下去。我從來沒有失去『我們國家終於改變了、我終於可以回家了』的盼望。我想有 4 成機會吧。（到時候）我會坐頭一班飛機（回家）。」

23

土耳其庫爾德人終老香江

MESUT TEMEL

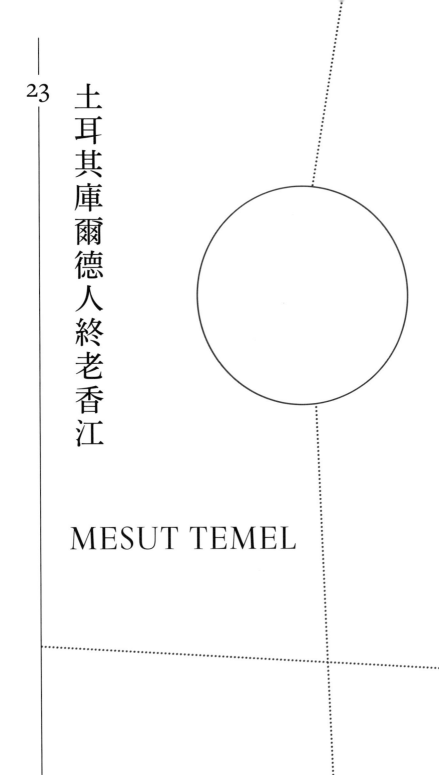

土耳其庫爾德人 Mesut Temel（下稱 Temel）在其家鄉出生，在台灣和中國大陸唸書，工作 7 年之後，2006 年來香港定居。自此，他就和太太、3 個孩子住下來，自己就在一家買賣電腦、通信部件的公司打工。

目前他不能離開香港。特區政府 2017 年接納了他有關歸化中國籍的申請，可是土耳其駐港總領事館（下稱「總領事館」）卻並未完成取消他的土耳其國籍的程序。這一步沒走完，香港的入境處不會繼續處理。於是，自 2020 年起，Temel 和他太太手上沒有任何護照，技術上不屬於任何國家，也因此哪裡都去不了。「總領事館沒說我犯了甚麼罪。本來，我計劃在伊斯坦堡（Istanbul）買一套房子，在土耳其退休；現在，隨著事情的客觀發展，我們將會在香港退休。對於這點，我沒問題。我是個香港人。」

生於文化搖籃

Temel 1972 年在土耳其東南部的馬爾丁市（Mardin）出生。那是一個擁有超過 3,300 年歷史的古城，人口由不同的種族組成，包括阿拉伯人、庫爾德人（Kurds）和阿拉米人（Arameans）。Temel 家裡屬於一個貧窮的庫爾德家庭，他是父母 8 個孩子（6 子 2 女）的其中一個。1977 年，他父親領著一家人移居全國最大、最富庶的城市──伊斯坦堡。他不想自己的孩子在庫爾德人和土耳其政府的對抗中成長。1982 年，Temel 的父親在一次車禍中喪生。

Temel 是他父親兩個幸運的孩子其中一個──他有機會在中東科技大學（Middle East Technical University）修讀化學工程（該門課以英

Temel 一家移居伊斯坦堡，攝於 1978 年。（圖片提供：受訪者）

文為教學語言）。當時，家裡一位在台灣地區做生意的朋友邀請他
去那裡。「一如很多土耳其人一樣，我不知道台灣地區在哪裡。家
裡讓我去 2 年，並同意負擔所需的費用。我們家族內部的聯繫很
強，家族裡所有成員都住在同一棟大廈——每一個小家庭住不同
的單位。」

Temel 於 1995 年 4 月 22 日抵達台灣。「我不知道自己身處何方。所
有招牌、路牌都用中文。我知道我必須學中文。當我跑到台北的清
真寺祈禱的時候，我發覺人們大部分都不說英語。」

Temel 原先預計在台灣地區逗留 2 年，結果一留就是 7 年。他報讀

中國文化大學，每天早上上 2 個小時的課，然後到那位家庭朋友開的公司上班（朋友是一位電氣工程師，做買賣電子產品的生意）。他的學業成績突出，大學授予他一項獎學金。在清真寺，他既學《可蘭經》，也教（兒童）《可蘭經》，他在那裡認識很多人。他特別喜歡土耳其伊斯蘭學者穆罕默德·法土圖拉·葛蘭（Muhammad Fethullah Gulen，下稱 Gulen）的著作。生於 1941 年的 Gulen，是「志願服務運動」（Hizmet Movement；Hizmet 在土耳其文是「服務」之意，下稱「Hizmet 運動」）的創辦人；該運動在全球各地約有 300 到 600 萬成員。它在土耳其國內廣設學校、基金會和其他機構。Temel 說：「我欣賞他的著作，在於它拒絕不同文明之間的衝突。他主張反其道而行，促進不同信仰和文化之間的互動。」

在台北，他和他的土耳其朋友創辦了一個稱為「Istanbul Club」的文化俱樂部。他們邀請台灣朋友到中心，向後者介紹伊斯坦堡和其他土耳其城市，以及土耳其生活、文化的諸方面。俱樂部一年一度邀請 40 位台灣人參加為期 2 周的土耳其旅巴遊；又為台灣來客安排在不同城市與當地人同住、直接與主人家接觸。「他們（從中）得到相當豐富的體驗。有些在回台灣的飛機上感觸落淚。當我 2003 年在伊斯坦堡結婚時，26 位台灣朋友出席了我的婚禮。」

地震：悲情中的愛

在 Temel 心中，1999 年內土耳其和台灣地區先後發生的 2 次地震，讓這兩個地方更緊密地連結在一起。第一次地震，於 8 月 17 日在土耳其西北部城市伊茲密特發生，震級為黎克特制（Richter scale）7.6 級，奪去超過 1.7 萬條人命、令超過 25 萬人無家可歸。國際上

立即發動大規模救援，歐洲和中東多個國家的多支救援隊陸續抵達。當時寓居伊斯坦堡（認為他居住的房子會塌下）的一位台灣人、佛教慈濟基金會成員胡光中慨嘆不見有台灣人到土耳其來參與救援，投稿台灣《民生報》，抒發一己的感受。「慈濟」創辦人證嚴法師讀到該文章，很受感動。她指示當時正在歐洲巴爾幹半島科索沃地區踐行慈善事工的慈濟義工，馬上前赴土耳其考察，然後報告「慈濟」可以如何施加援手。「當我看到電視上的畫面，我哭了。」Temel 說，「胡光中邀請我到土耳其幫忙。」慈濟在台灣地區發動了一個籌款運動，並派出一支救援隊到土耳其，分發物資、助建房屋。Temel 隨隊出發，擔任傳譯。

一個月後（9 月 21 日），位於台灣地區中部南投縣的集集鎮發生「九二一大地震」，遇難人數超過 2,400 人，是台灣寶島史上其中一次最嚴重的地震。為協助救援，土耳其派遣一隊包括政府官員和義工的支援隊，Temel 陪同其中。他也活躍於在台北、嘉義等舉行的拍賣籌款活動。

移居香港

2000 年，Temel 平生第一次前往中國大陸，到過廣州、上海、北京、西安和天津。「那感覺很特別。」他說。那是台灣地區的企業蜂擁到大陸設廠的年代。他趁機拜訪供應商和客戶。他在廣州留居半年，與一位搭檔共事；之後，他花了一年中的大部分時間在美國生活、做生意。「和搭檔的合作不如理想，我也不喜歡那裡的環境。」

2003 年 7 月 12 日，Temel 和一位庫爾德姑娘在伊斯坦堡結婚。她來自同樣位於土耳其東南部的另一座城市迪亞巴克爾（Diyarbakır，約 170 萬人口，當中有不少是庫爾德人）。隨著第一次世界大戰結束、《塞夫爾條約》（Treaty of Sèvres）[45] 於 1920 年簽署，不少庫爾德人視迪亞巴克爾為獨立的庫爾德斯坦的首都（但「獨立」始終未能成事）。

談及自己的婚事時，Temel 說：「那是一場傳統的包辦婚姻，結婚前我見過她幾次。我要先爭取她父母接納。她父親是一位已經退休的伊瑪目（Imam）[46]。她從未在台灣地區生活過；她不求夫婿有錢，但求他滿有內涵。」對新婚夫婦的第一項測試，在上海發生——要新婚太太吃中國菜。起初，土耳其人大多對中國菜敬而遠之、不敢品嚐；但太太吃了不少（包括榴蓮）。她是個傳統女性，但擁抱新的美食。」他們的第一個孩子於 2005 年出生。

2006 年，小家庭移居香港，在新界東部將軍澳租住一個住宅單位。2019 年，Temel 創立公司，主營電腦閃存（Flash Memory）產品。移居香港，對 Temel 來說，是一大震撼。「除了土耳其人之外，我認識的人不多。這裡的人不說普通話；我們的住處很小。我發覺這裡的人比台灣人冷漠、沒那麼友善；日常生活的壓力也比較大。很難交朋友。但這裡的文化和台灣的、大陸的都很相似。」

和他在台灣地區的時候一樣，Temel 和他的土耳其朋友創立了一家文化中心。他們每人出一些錢，以一年合約租下一處物業，作為安

---

45 這是 1919 年「巴黎和會」系列條約的組成部分。一般認為該條約側重英國、希臘等國的利益，而對戰敗國土耳其十分苛刻，因此土耳其民族主義者不承認該條約，並與根據條約佔領前鄂圖曼帝國領土的外來軍隊開戰，史稱「土耳其獨立戰爭」。
46 伊斯蘭教的神職人員、宗教領袖。

上｜ Temel 在台灣，攝於 1996 年。（圖片提拱：受訪者）
下｜ Temel 在北京萬里長城，攝於 2000 年。（圖片提拱：受訪者）

那托里亞文化與交談中心（Anatolia Cultural and Dialogue Centre）[47] 的會址。中心每周舉辦一到兩個活動，邀得不同領域的教授或其他嘉賓主講特定題目，或者舉辦藝術活動。回教齋戒月（Ramadan）期間，中心會特別熱鬧，期間的 25 天都安排節目。「齋戒月的精神之一，就是與他人分享。所以我們安排和不同社群的人共同參與活動，交流分享。我們邀請他們共進晚餐（太陽下山後，就可以進食）。媒體偏向報導衝突和偏見，但面對面時，情況正好相反。我們找到共同之處，我們一起祈禱，發現我們不同信仰之間其實有很多相通的地方。香港是個多元文化共存的城市。我對這些活動有美好的回憶。」由於經濟原因，以及受到來自土耳其駐港總領事館的壓力，中心已於 2019 年關門，停止運作。

Temel 能從公司得到穩定的收入。「我在這個領域已經有很長一段日子，已經建立起人際網絡。我付出巨大心力培育信任和誠實。在宗教裡，欺騙他人是個大罪。所以，我們有和我們維持長久關係的客戶。或許他們要付出稍稍高一點的價錢，但他們願意這樣，希望維持這關係。」

「政變」受害人

2016 年 7 月 15 日，土耳其發生一場有人精心布置的虛假「政變未遂」事件，數以十萬計無端受牽連的人當中，有 Temel。有武裝部隊試圖控制首都安卡拉（Ankara）、伊斯坦堡和若干其他城市；他們又從空中轟炸政府建築物（包括議會大廈和總統府）。政變持

---

47 安那托里亞，也稱小亞細亞，位於愛琴海以東、黑海和地中海之間，佔土耳其領土大部分疆域；爭取獨立的庫爾德斯坦宣稱擁有該片土地的部分主權。

上｜文化中心 Mosaic center 成員大合照。（圖片提拱：受訪者）

下｜在 Mosaic center 的 Temel。

續期間，約 250 人死亡，超過 2,000 人受傷；但效忠政府的部隊反擊，粉碎了政變企圖。其後，土耳其政府拘捕了包括士兵、法官在內數以萬計的人，又解僱了數以千計公務員和教師的職務。政府表示，政變領袖與正流亡美國、住在賓夕法尼亞州的 Gulen 勾連，政府將後者定性為「恐怖分子」；另外還逮捕了數以萬計據稱與 Gulen 以及 Hizmet 運動有關的人。自政變發生後，政府已關閉所有土耳其境內的 Hizmet 運動學校、基金和其他實體。土耳其駐港總領事館認定 Temel 是 Gulen 的支持者，拒絕為他處理放棄土耳其國籍的申請，或者為他的土耳其護照延期。

7 月 15 日的政變，距今已有 5 年。土耳其政府仍然拿不出任何 Gulen 與政變有關聯的可信證據。然而，總統埃爾多安（Recep Tayyip Erdoğan）的政府不是調查真相、追究幕後黑手、為土耳其帶來更大的安全，反而拿 Gulen 作替罪羊，編造極盡政治煽動之能事的罪名，意圖毀掉 Gulen 的名聲，以及詆毀一切 Hizmet 運動所代表的事物——和平、不同信仰間的對話、包容和教育。Gulen 一再而且大聲地否認自己與 7 月 15 日的悲劇有任何關聯。

在土耳其，總統埃爾多安透過政治清算、大規模逮捕、大範圍鎮壓言論自由和新聞自由，持續殘酷對待該國人民，招致全球各國領袖和人權活躍分子的譴責——單是過去一年，已經沒收了近 1,000 家公司等值約 110 億美元的私有財產；逮捕了超過 55,400 名人士、關停了 149 家傳媒機構；有近 15 萬國家僱員被解僱、超過 260 名新聞工作者目前仍身陷囹圄，使土耳其成為全球最大新聞工作者牢獄之一。

「我們找到共同之處，
我們一起祈禱，發現我們
不同信仰之間其實有很多
相通的地方。香港是個
多元文化共存的城市。」

政府表明：逮捕與「介入 7 月 15 日政變」完全無關，而是基於牽涉進 Hizmet 運動。婦女和兒童是受害者中最受打擊的一群，因為當局毫無節制地逮捕孕婦，（孕婦臨盆時放回家）分娩後再把她們抓回監牢。大約有 1.6 萬名婦女、超過 500 名兒童被關進監獄。諸如國際特赦組織（Amnesty International）、人權觀察（Human Rights Watch）以及聯合國酷刑特別報告員（United Nations' Special Rapporteur on Torture）等國際獨立監察機構，均就土耳其監獄內發生的軀體虐待、酷刑和強姦等情況發表報告並予譴責。

「我 2017 年申請歸化中國籍，香港特區政府批准了申請，條件是我必須放棄土耳其籍；但總領事館方面不肯處理相關文件，沒有了這個，香港特區政府不會給我發護照，甚至一紙旅行證件，讓我離開香港特區。日本和韓國政府在碰到相同情況的時候，會向土耳其人簽發護照。我曾經寫信給入境處處長；我曾經在律師的陪同之下，帶同所有文件到入境處，但徒勞無功。我和我太太的護照已經在 2020 年到期、失效。」

這個事實上的無國籍狀態，對 Temel 一家造成很大的傷害——他本人不能到中國大陸、台灣地區或者任何其他國家或地區拜訪供應商和客戶、查驗新產品；他不能探視（他非常親密的）土耳其家鄉的親人，只能透過 Facetime 或 WhatsApp 和年邁的母親溝通。他的 3 個兒子都有土耳其護照，但卻不能和父母出門遠行。

童年時便能操多種語言

Temel 的 3 個兒子分別是 9 歲、13 歲和 17 歲，都有著不一般的童

年，自出娘胎，他們就不曾在土耳其度過。2 個較小的正在新界荃灣一所國際學校玫瑰蕾小學（Rosebud Primary School）上學，唸的是英文班，每月學費每人港幣 8,000 元；老大則入讀九龍觀塘地利亞修女紀念學校（協和）（Delia Memorial School [Hip Wo]，同樣是一所英文學校）。Temel 說：「我和太太用庫爾德語溝通，用土耳其語跟孩子們溝通。大兒子能聽懂一點庫爾德語，其他 2 個不行。我們沒有庫爾德文的書。我的孩子能聽懂土耳其語，但他們之間用英語交談——那是他們在學校裡用的語言，也是在 YouTube 通行的語言。最小的懂一點廣東話。他們學校每周學 8 個小時的普通話。至於大學，他們或許會到海外，不知道到時夠不夠錢供他們。」

Temel 被自己的國家拒諸門外，把他們一家的未來翻了個底朝天。「我用太太的名字在伊斯坦堡買了一套房子，那是我們計劃退休的地方。正是這原因，我沒有在香港再買房子。現在我後悔了。我們現在只能租。」他的孩子們有土耳其護照，可以回國，但他怕孩子會被利用作人質，對他和他家人不利。

在辦公室，Temel 和他的同事共事。「他有護照，可以出差去見客戶和供應商。我打算把公司交給他打理，那我就可以全情投入香港的文化交流和義工活動。」

作為一個虔誠的穆斯林，Temel 積極投入香港穆斯林聯會（United Muslim Association of Hong Kong）的會務。成立於 1980 年代的「聯會」，是一個註冊慈善團體和伊斯蘭組織，功能是管理香港穆斯林社區的清真寺、學校和養老院。Temel 身兼籌款委員會委員、義工。掌握阿拉伯文字的他，能閱讀、背誦、理解《可蘭經》，但在日常交談中，阿拉伯語卻派不上用場。

24

投資銀行分析師夜宿公園長凳

INNOCENT
MUTANGA

Innocent Mutanga（下稱 Mutanga）2013 年從非洲津巴布韋來到香港之後，曾有一段不短的時間（4 個月）在公園長凳上露宿、在麥當勞替別人下單以換取食物；而現在，他在全球其中一家最大的投資銀行當分析師。Mutanga 在香港的 8 年經歷，是貧苦黑人勤奮向學、下定決心克服人生路上重重障礙的故事——遇到像他一樣的經歷時，很多人都會挺不過去。

沒有洗手間的家

Mutanga 於 1991 年 2 月 26 日在非洲國家津巴布韋西部一個礦業城鎮萬蓋（Hwange）[48] 出生。他是一名礦工的 3 個孩子裡的其中一個；一家就住在由父親打工的那家礦業公司提供的家屬宿舍。宿舍沒有洗手間，人人都要到附近的公共浴室洗澡、洗衣服。

Mutanga 說：「家父在地底開工。礦工們都是輪班工作的，其中一班由清晨 6 點到下午 2 點。後來他轉做礦裡的糾察，穿著以前殖民地警察穿的那種短褲。我知道礦裡的煤塵傷害著他的肺。」

宿舍裡唯一的「奢侈品」，就是電冰箱。全賴它，Mutanga 媽媽可以經營賣魚的小生意。她去離家不遠的一個湖濱小鎮賓加（Binga）採購鮮魚，運回家中，放進冰箱，有人來買就賣給他。鄰居也用它來儲存肉類。

隨著煤塵在肺部積聚，Mutanga 父親的身體日漸變差，於 2000 年病

---

48 舊稱「萬基」（Wankie）。

故，時年僅 38 歲。員工既歿，員工家屬便連帶失去了住公司宿舍的資格。母親領著孩子回到她長大的、屬於津巴布韋中部的鄉村地區戈奎郊區（Gokwe）。

Mutanga 在萬蓋鎮開始接受教育，學習成績極好。（現在）他必須到位於鄉郊的一所新學校繼續學業，發覺那裡很不一樣。「我第一節課就在屋外一棵樹下上課，我在沙塵中寫字。風吹來的時候，把我們的字都吹走了。」

語言是另一道難關。在鄉村地方，教師們都用當地的紹納語（Shona）和英語。他要從頭學紹納語；在萬蓋鎮，當地人說尼揚賈語（Nyanja）和恩德貝萊語（Ndebele）。

Mutanga 在那鄉村學校唸了 6 年的書，然後回到萬蓋鎮，入讀鎮上的 Wankie 中學、住在他一位舅舅的家。他最喜歡的科目是數學、物理和化學。他舅舅晚上 9 時就關燈，Mutanga 便拉開窗簾，讓窗外大馬路路燈的光進來，他就是憑這光再讀 3 至 4 小時的書。

「鎮上幾乎每一個人結果都去了煤礦工作。人們說我與眾不同，大多數人預期我會從政。我的綽號是『杜圖』（Desmond Tutu），他們到今天還是這樣稱呼我。」

杜圖是南非首位黑人大主教，本身是一位神學家的他，先後擔任聖公會約翰內斯堡（Johannesburg）主教和開普敦（Cape Town）大主教，是著名的人權運動及反種族隔離運動先鋒。[49]

Mutanga 去了位於中部省（Midlands Province）首府圭魯市（Gweru）的 Thornhill 高中接受教育。由於國內出現變局，她母親的賣魚生意利錢漸少，只好跑到鄰國博茨瓦納（Botswana）當家傭，以賺取 Mutanga 的學費。

高中時，Mutanga 修讀了 4 門學科（數學、物理、化學和高等數學）。他 2010 年畢業後，取得美國愛荷華州私立德雷克大學（Drake University）的獎學金。「我喜歡那裡的課程，也喜歡那裡有很多亞洲裔學生。我看到未來亞洲在世界上的位置。」

但是，那只是局部的獎學金，故 Mutanga 必須自籌經費，解決其他開支。他決定另闢蹊徑——拜訪津巴布韋名人、政治人物和足球員，尋求他們的支持。他跑到聯邦銀行，要求授予助學金，並承諾畢業後為銀行打工，作為回報。「我籌不到錢，但過程中我學到很多，又認識了國內不少重要人物。」

最後，Mutanga 開展一項養雞生意，冀賺得足夠經費。他耗盡他從位處於哈拉雷（Harare，津巴布韋首都）的美國駐津巴布韋大使館實習期間所得薪金，作為養雞生意的起動資金。

「我有機會了解美譽背後的美國」

2011 年 12 月，Mutanga 飛到美國愛荷華州首府得梅因（Des Moines，德雷克大學所在城市），開始他的春季學期，選修精算科

---

49 杜圖大主教於 2021 年 12 月 26 日辭世，享年 90 歲。

學。他發覺微積分太容易，但享受其他學科。

「老師們太棒了，我現在還和其中的 2 位保持聯繫。一如我所希望的，那裡有很多亞洲裔學生，主要來自馬來西亞、一位來自中國內地——她是我最親密的朋友，叫張欣（音譯）。在文學課和社會科學課，我寫了一篇有關 Malcolm X [50] 的論文。那是一次很好的學習體驗：我有機會了解美譽背後的美國。」

為了掙錢，他在當地的 Sodexo 快餐店弄炸雞塊和雞翼；為了鍛煉，他傍晚在得梅因市區穿街過巷慢跑。「我發現有警車跟著我，我以為他們是在保護我。其後我朋友告訴我當地居民看到有黑人在街上，於是報警。我這才知道在美國，身為黑人的危險。在校園附近，警方曾置一個黑人於死地。」

回到地獄

2013 年 7 月，津巴布韋正舉行總統及議會選舉。數以千計的群眾希望這次是轟走總統穆加貝（Robert Mugabe）的歷史時刻。穆加貝自津巴布韋 1980 年獨立以來即執掌權力，弄得國家經濟破產、國際孤立。

2012 年底，Mutanga 決定回國，投身選舉相關工作（主要是協助群眾登記為選民）。選民名冊被揭發有約 100 萬無效選民（不少已離世的人被納入名冊），卻排除了近 100 萬還在生的人。他計劃選舉

---

50 Malcolm X，原名麥爾坎‧利特爾（Malcolm Little），非裔美籍伊斯蘭教教士、美國民權運動家。1965 年在一場演講中遭到異見者刺殺身亡。

過後回到德雷克大學去。

「我的角色是幫助人們投票。要是政府懷疑你跟『爭取民主變革運動』（Movement for Democratic Change——當時的反對黨）有關聯，政府會馬上抓你。我被政府盤問是不是替美國人或者法國人工作。我也曾被秘密警察綁架、覊留了好幾個小時，被打到失去知覺；我後來逃脫了。」

很明顯，當時若再留下不走，便太危險了。Mutanga 馬上逃到博茨瓦納，逗留了幾個小時，然後前往南非。他選擇了南非西北省[51] 克萊克斯多普市（Klerksdorp）附近的一個小鎮 Stilfontein 安頓下來。之後，他開始在克萊克斯多普市和 Stilfontein 的公共圖書館指導學生的功課；再後，獲 Stilfontein 鎮一所基督教學校——Lofdal Christian School——聘用。

在當年 7 月 31 日的總統選舉中，穆加貝取得 61% 的選票，再度當選；同時，他的政黨取得國民議會 210 個議席中的 160 個。

在學校，Mutanga 教數學、物理和化學。由於他很受學生歡迎，政府向他發聘書，讓他在其他學校教，甚至為他配了汽車和司機；他還在當地電視台亮相。

「我太成功了，吸引太多注意了。有一天，兩個來自津巴布韋的情報特工來到市圖書館。我從監控電視看到他們、認得他們。幸好，

---

51 南非 9 個省之一。

當時我不在圖書館。很多棲身南非的津巴布韋人被這些特工殺害；是甚麼情況讓當局動了殺機，一直都沒弄清楚。我知道我得馬上離開，24 小時也嫌太長。」

學校的主辦人同情 Mutanga 的處境，安排她兒子開自己的跑車把 Mutanga 送到約翰內斯堡國際機場。Mutanga 只帶了 2 個行李箱（一個裝書、另一個裝衣服）。他在車上向機場的售票處發短信：問當天有甚麼航班開往津巴布韋公民不用簽證便可入境的目的地，但遲遲沒收到回應。

當 Mutanga 到達航空公司的櫃位，女職員讓他選：去非洲國家還是取道卡塔爾（Qatar）去香港。由於他看了無數成龍的電影，香港是當然之選。校長的兒子知道他身上只有 200 蘭特（南非貨幣，折合約港幣 200 元）後，便替他支付機票的費用（相當於港幣 11,000 元）——校長兒子刷了家裡的信用卡付費，不算一回事似的。

抵達香港

「在飛機上坐定之後，我就知道自己會沒事，事情本來就該如此。」

經過漫長的空中旅程，Mutanga 終於來到他知之甚少、不識一人的地方——香港。儘管單憑文件看，他具備入境香港的資格，但入境處人員還是對他起疑，並把他帶進一個小房間。

他有沒有足夠的錢？他身上只有 200 蘭特，外加幾張信用卡。「信用卡裡沒有錢，但我向職員出示了信用卡，她點了點頭。」

Mutanga 便是從約翰內斯堡國際機場逃離本國。（圖片提供：iStockphoto）

女職員問 Mutanga 打算在哪裡安頓，「我當時腦子一片茫然，倒是她提供了去處：『重慶大廈』。」20 分鐘後，女職員讓他離開。起初，Mutanga 覺得一家聽起來那麼高尚的酒店肯定很貴，但當天稍後他碰到的一位華人女士向他解釋說，重慶大廈最適合他了，他就接受了這個建議。到了那裡，一位印度人安排他住進一個很小的房間，3 天房租便用盡了 Mutanga 口袋僅有的港幣 200 元。

由於他再沒有錢，頭 4 個月過得異常拮据。為了填飽肚子，他會輪流坐進 4 家麥當勞的其中一家等候，嘗試說服其他顧客讓他替他們點餐，他有本事讓他們會吃得更合算。他研究過餐單，知道怎樣組合才能最大限度地發揮一次點餐的價值。這樣顧客便可以買到他們到店來想要的餐食，而他也能從替人省下來的錢中，騰一點出來解決自己的需要。「我只向種族相異的男女開口，因為他們比較願意接受。要是二人都是中國人，我不會開口。」

Mutanga 在九龍區的不同公園過夜，如是者前後共 4 個月。「我經常挪窩，但是在柯士甸道路旁一條長凳上，我可以睡一整個晚上，沒人打擾。」

3 個月後，Mutanga 的簽證到期。他到聯合國難民署（The United Nations High Commissioner for Refugees，簡稱 UNHCR）的香港辦事處申請難民身份。根據相關規定，一旦申請被接納，當局就會以「申請正在審批」為由，允許他暫時居留。

漸漸地，Mutanga 找到一些零碎的工作——為一家尼日利亞餐廳送外賣、為上海賓館的東主粉刷外牆、（透過一所國際教會）教剛從中國內地來香港的孩子英語、為大學生評改作業等等。在重慶大廈，他遇上了香港中文大學人類學系教授 Gordon Mathews 和他的學生。Mutanga 加入他們的討論，聊得正歡，他就順勢問教授能否旁聽他的課；教授同意了。

「我每個學期會在中大修大概 8 個課程。其他教授也允許我旁聽他們的課。我沒交學費。我總是看完所有課程的指定教科書（而大部分學生都做不到）。每次課堂討論中，我總會有些貢獻，我以這種方式答謝人家給我旁聽的機會。即使我修畢課程後也不能取得證書，但我決定儘管學習、汲取知識。」有 2 年，Mutanga 旁聽了中大、港大和城大的課，爭取成為中大正式學生。「那是長路漫漫的掙扎：我必須重考高級程度會考；重修社會學、心理學、數學和高級數學，才達到讓人家考慮是否正式錄取的起碼門檻。」

最後，Mutanga 於 2016 年獲正式錄取——但有條件：每次批一個

學期。「每個學期我都要向校方證明自己有能力繼續下一個學期的課業。由於我要交學費,我必須自己籌措。在我的朋友(例如Chantal Wong)的幫助下,我們組織了一次籌款活動,活動後來發展成一個旨在幫助難民追求大學教育的獎學金計劃。2019 年,我取得了人類學的學位。」2017 年,Mutanga 成為香港第一個獲發學生簽證的難民,也是香港首個取得大學學位的難民。他考慮再攀人類學哲學博士的學術高峰。

在教室以外,Mutanga 同樣活躍。他參加中大英語辯論隊、和同學共同創辦「流浪之聲」(The Wandering Voice)——一個面向家庭傭工、難民和少數族裔,可以讓他們訴說自己的故事的在線平台。

2017 年,一家投資銀行在中大組織了一次商業案例比賽。Mutanga 報了名、參加了比賽並且勝出。在參賽的過程中,他廣交朋友,這對他日後的事業發展有重要幫助。

一年之後(2018 年)的 6 月到 8 月,Mutanga 到那家投資銀行當個暑期兼職分析師。他的任務涉及股權交易(掉期交易)、交叉資產融資(交易和結構)和其他金融產品,薪金相當優厚。「我不知道怎樣運用這筆錢,在香港,我曾經以每周大概港幣 200 元過活,一下子拿到那麼多錢,我覺得夠我花一輩子了,哈哈!」

2018 年寒假期間,Mutanga 在一家由多個家庭合組的家族辦公室當實習生,參與一個風險投資的運作(該風投項目的任務,是協助一家希望打進中國內地市場的以色列初創科技企業)。

（圖片提供：LinkedIn）

「這裡（香港）有很多機會。
我從甚麼都沒有開始，
到現在有機會去擁有些甚麼。」

2019 年 8 月，Mutanga 回到先前工作過的投資銀行，身份已變成全職分析師。他選擇租住新界天水圍一個住宅單位。他定時與留在津巴布韋的母親和兄弟姊妹用 WhatsApp 溝通，或者通電話。

Mutanga 希望長久留在香港。「這裡有很多機會。我從甚麼都沒有開始，到現在有機會去擁有些甚麼。我所經歷的，造就了現在的我——更能隨機應變、能屈能伸，意志更堅定。

香港是亞洲頂級的金融中心，超越東京和新加坡。它有良好的監管體制。如果你努力耕耘，你會有收穫。在我看來，它是亞洲的世界城市。在我的網絡裡，我遇到過各式人等，但有不少人（特別是本地人）不屬於這裡。他們站在遠處回望，像是一個平衡的宇宙。」

Mutanga 是寓居香港約 13,000 個政治難民中罕有的成功例子。「很不幸，很多慈善團體讓他們覺得自己是受害者。後者還沒有發揮自己的潛力，運用自己的相對優勢。你不該掉進這樣的慈善陷阱。」

香港非洲中心

Mutanga 於 2019 年創辦香港非洲中心（Africa Center Hong Kong）。中心位於九龍尖沙咀山林道一座商業大廈的 12 樓。其（純英文）官網稱：「中心是一個旨在透過挑戰或改變敘事方式，重塑人們如何看待、感受『黑』或『非洲』的平台和創意中樞。

現狀是『黑』被視為危險及／或易受傷害的——2 個帶種族眼光的、有問題的觀點。我們致力挑戰這些觀感。我們通過多個工作

香港非洲中心會到學校做分享，重塑黑人形象。（圖片提供：香港非洲中心 Facebook 專頁）

坊和活動項目，努力實現我們的目標。工作坊和活動項目包括教
育、食品和文學藝術活動（例如非洲文學讀書會、非洲烹飪工作
坊、非洲舞蹈工作坊）等等。我們也組織非洲式晚餐聚會和網上
聯誼活動。」

香港非洲中心出版名為 *African Spear*（《非洲之矛》，原名 *Amplify
Africa*）的月刊，Mutanga 是其共同編輯之一。他在第二期上寫道
（意譯）：「隨著這世界秩序的轉移，亞洲在地緣政治上、在經濟上
和文化上的地位日益重要，我深知我們自己掌握這個地區的敘事話

語權，至為重要。

當我讀到（尼日利亞文學家）奇努阿‧阿切貝（Chinua Achebe）的 *Things Fall Apart*（一般譯《瓦解》）[52] 之時，就是我覺醒之日。這本偉大的歷史小說真切地蘊含了我最鍾愛的一句非洲諺語，而作為那句諺語的呼應，阿切貝寫道：『在獅子自己的歷史學家出現之前，獵獅的歷史將總是頌揚獵人的。』」

---

52 該小說於 1958 年首次出版，其內容述及受殖民統治時期前，尼日利亞東南部的歷史。

書名

外國人喜歡香港的 N 個理由

作者

馬克・奧尼爾（Mark O'Neill）

譯者

程翰

責任編輯

羅文懿

書籍設計

姚國豪

出版

三聯書店（香港）有限公司

香港北角英皇道 499 號北角工業大廈 20 樓

Joint Publishing (H.K.) Co., Ltd.

20/F., North Point Industrial Building,

499 King's Road, North Point, Hong Kong

香港發行

香港聯合書刊物流有限公司

香港新界荃灣德士古道 220-248 號 16 樓

印刷

寶華數碼印刷有限公司

香港柴灣吉勝街 45 號 4 樓 A 室

版次

2022 年 11 月香港第一版第一次印刷

規格

特 16 開（148mm x 215mm）320 面

國際書號

ISBN 978-962-04-4883-6

三聯書店
http://jointpublishing.com

JPBooks.Plus
http://jpbooks.plus